出 版 说 明

习近平总书记指出:"对马克思主义的信仰,对社会主义和共产主义的信念,是共产党人的政治灵魂,是共产党人经受住任何考验的精神支柱。"党的十九大报告也指出:"人民有信仰,国家有力量,民族有希望。""要把坚定理想信念作为党的思想建设的首要任务,教育引导全党牢记党的宗旨,挺起共产党人的精神脊梁,解决好世界观、人生观、价值观这个'总开关'问题,自觉做共产主义远大理想和中国特色社会主义共同理想的坚定信仰者和忠实实践者。"

2016 年 8 月,人民出版社邀请我国著名的马克思主义理论家陈先达教授编写了《马克思主义十五讲》一书,该书出版后深受广大读者的喜爱,累计发行 5 万余册,并荣获中央宣传部、国家新闻出版广电总局、中央电视台和中国图书评论学会联合推选的"2016 中国好书"。

作为《马克思主义十五讲》的姊妹篇,本书对理论领域和实际工作中最为关注的十个马克思主义信仰重大理论问题作了回答,以便广大的理论工作者、党员干部以及青年学生更好地坚持以马克思主义为指导,坚定马克思主义信仰,解决真懂真信的问题,解决好为什么人的问题,并最终落实到怎么用上来。可供理论工作者和广大党员干部研究与学习马克思主义参考,对青年学生正确理解当代现实问题也具有引领作用。

人民出版社

2018 年 3 月

目　录

恩格斯称马克思为"当代最伟大的思想家""科学家"。恩格斯说马克思的逝世是"当代最伟大的思想家停止思想"。恩格斯对马克思的逝世无比悲痛。他在致威廉·李卜克内西的信中说:"我仍然不能想象,这个天才的头脑不再用他那强有力的思想来哺育新旧大陆的无产阶级运动了。我们之所以有今天的一切,都应当归功于他;现代运动当前所取得的一切成就,都应归功于他的理论活动和实践活动;没有他,我们至今还会在黑暗中徘徊。"

有人问我:马克思主义是科学学说还是信仰?马克思主义当然是科学学说,但对以马克思主义为指导的共产党来说,对马克思主义者和一切反对资本主义制度的革命者来说,马克思主义学说可以成为一种信仰。这里所说的信仰,就是行为原则、理想追求、价值目标。

第三讲　《共产党宣言》的当代价值 ················· ／ 34

在马克思恩格斯的全部著作中,《宣言》是篇幅较小但影响最大的著作。它可以被看作是其全部成熟著作的纲领和红线,是理解什么是马克思主义的关键。马克思恩格斯的全部著作,就是为实现《宣言》中的两个必然性,为实现无产阶级的彻底解放而进行的理论研究。

第四讲　马克思主义的生命力 ····················· ／ 53

当代世界向何处去? 如何认识当代资本主义? 如何认识当代社会主义? 特别在经济全球化背景下,如何处理当代资本主义尤其是发达资本主义与新兴社会主义之间的关系? 如何解决人类面临的生态文明问题、贫富对立问题、公平正义问题? 可以说,对这些问题的科学认识和合理解决都离不开马克思主义的指导。

第五讲　未来属于马克思主义 ⋯⋯⋯⋯⋯⋯⋯ / 71

习近平总书记在哲学社会科学工作座谈会上发表的重要讲话中指出："实际工作中,在有的领域中马克思主义被边缘化、空泛化、标签化,在一些学科中'失语'、教材中'失踪'、论坛上'失声'。这种状况必须引起我们高度重视。"那么,如何认识这种变化? 如何改变马克思主义被边缘化的状况? 这值得好好研究。

第六讲　发展 21 世纪马克思主义 ⋯⋯⋯⋯⋯⋯ / 89

发展 21 世纪马克思主义、当代中国马克思主义,是时代赋予当代中国马克思主义理论工作者的一项重大历史使命。在发展 21 世纪马克思主义和当代中国马克思主义的过程中,必须要坚持两个根本原则:一是问题导向原则;二是坚持以人民为中心的研究导向。

第七讲　信仰危机问题与精神家园的重建 ⋯⋯⋯⋯ / 110

改革开放以来,物质丰富了,但上教堂的人也越来越多了,进寺庙烧香拜佛的人越来越多了,口诵南无,手捻串珠的人不少见。当然,信教是个人的自由,一个真正有宗教信仰、注重道德修养、一心向善的信众是受人敬重的。但我们从这种现象中窥视到的不仅是宗教信仰问题,而是当代中国一些人正在寻找精神安顿之处。

第八讲　文化自信的本质与当代意义 ·················· ／ 128

中国共产党不忘初心,牢记使命,实现中华民族伟大复兴,其中就包括中华民族文化的复兴,包括推动社会主义文化繁荣兴盛,建设文化大国、文化强国。没有文化的复兴,也就没有全面实现现代化,中华民族的复兴就会因缺乏精神和文化的支撑而后劲乏力。

第九讲　历史唯物主义与中国道路 ·················· ／ 145

中国特色社会主义道路是实现现代化必经之路,是创造人民美好生活的必由之路。我们对道路的自信,源自对文化的自信。中国不仅有五千多年文明发展孕育的中华优秀传统文化,还有中国共产党和中国人民在伟大斗争中孕育的革命文化和社会主义先进文化。文化不仅是知识、智慧的积累,更是一个民族最深层的精神追求。

第十讲　哲学与实践中的信仰 ………………………… ／ 161

我们面对两种哲学：一种是生活中的哲学，一种是书本上的哲学。我们不但要学习书本上的哲学，更应注意生活中的哲学。哲学既不能没有形而上的问题即纯哲学问题，也不能没有形而下的问题即生活中的哲学问题。没有形而上只有形而下，哲学就会变为生活常识；可没有形而下，哲学就在天上，没有着陆点，永远与人的生活相分离。

跋 …………………………………………………………… ／ 186

不是因为信我才信仰，而是经过学习和研究才确立我的信仰。马克思说过，"真理是普遍的，它不属于我一个人，而为大家所有；真理占有我，而不是我占有真理。"是马克思主义真理掌握了我，而不是我掌握了马克思主义真理。

第一讲　不朽的马克思

每个历史时代都会产生符合时代需要、具有时代特色的杰出人物。恩格斯曾赞扬资产阶级革命时代是一个"需要巨人而且产生了巨人的时代",并列举了其中最卓越的代表,指出他们共同的历史使命是"给资产阶级的现代统治打下基础"。无产阶级革命的时代也有自己的卓越人物。不同的是,这个时代的卓越人物是为无产阶级解放和人类解放打下基础。马克思是登上历史舞台的无产阶级的最伟大代表,他科学地揭示了人类社会形态更替的历史规律,揭示了无产阶级推翻资本主义旧世界、建立社会主义和共产主义新世界的历史使命。社会形态的更替是一个漫长的历史进程,马克思没能目睹这个历史的转变,但他的理论和活动标志着历史进入了无产阶级革命的时代。

一、革命家和思想家的完美结合

马克思既是伟大的社会革命家,又是伟大的社会科学家。这是马克思主义学说的共同缔造者、与他共同战斗 40 余年的恩格斯在马克思墓前讲话中的结论性评价。

恩格斯说:"马克思首先是一个革命家。"马克思是无产阶级革命的思想导师,是无产阶级革命的指引者、实践者。他和恩格斯把"正义者同盟"改造成为历史上第一个无产阶级政党"共产主义者同盟",并为它制定了第一个科学纲领——《共产党宣言》。马克思支持 1848 年法国六月起义,参加 1848 年 3 月爆发的德国革命,支持法国无产阶级革命和他们建立的第一个无产阶级政权巴黎公社。他与恩格斯一道创立无产阶级第一个国际性组织"国际工人协会",即第一国际。因为革命活动,马克思遭受普鲁士政府的迫害、比利时和法国政府的驱逐。尽管由于当时缺乏无产阶级革命夺取政权建立社会主义制度的历史条件,马克思终其一生并没有亲眼看到无产阶级革命牢固地夺取政权并建立社会主义国家,尽管马克思 19 世纪 50 年代退入书房,但并没有也从来没有想过要退出战斗。马克思不是"书斋里的学者","不是唯恐烧着自己手指的小心翼翼的庸人"。他终其一生都是伟大的无产阶级革命家。

当第一个无产阶级政权巴黎公社在经历 72 天的战斗后最终失败时,马克思就指出:巴黎公社的原则是永存的! 这表明马克思对社会主义革命充满无限信心。马克思毕生关注被压迫民族的革命斗争和命运,他支持中国反对英法帝国主义以鸦片贸易为借口的侵略战争,谴责帝国主义对中国的无耻掠夺,对中国人民充满同情并对中华民族的觉醒寄予期待,预言"过不了多少年,我

马克思(1866 年 3 月底)

们就会看到世界上最古老的帝国做垂死挣扎,同时我们也会看到整个亚洲新纪元的曙光"。即使健康恶化的晚年,他仍然关心俄罗斯社会发展前景和俄国农村公社的命运问题,论述了关于落后国家跨越资本主义"卡夫丁峡谷"的多种可能性和条件。马克思晚年给维·伊·查苏利奇的三易其稿的复信就是确证。

关心并参与被压迫无产阶级的斗争,关心弱小民族反对外来侵略的斗争和反对本国统治者的斗争——这就是马克思作为革命家的光辉一生。马克思的一生是短暂的,只有 65 年,可他为之奋斗的伟大事业却延续至今。马克思的光辉一生为后世的革命者树

立了崇高的榜样。

马克思既是伟大的革命家,又是伟大的思想家。历史上有许多著名的革命家,但他们并非伟大的思想家。也有过许多卓越的思想家,但他们并不是代表被压迫阶级的革命家。可以毫不夸张地说,只有在马克思身上,革命家和思想家才达到了历史上最完美的结合。革命性和科学性的统一,是马克思个人的品格特征,也是马克思主义学说的本质特征。

二、马克思主义理论的缔造者

恩格斯称马克思为"当代最伟大的思想家"。他说马克思的逝世,是"当代最伟大的思想家停止思想了"。恩格斯对马克思的逝世无比悲痛。他在致威·李卜克内西的信中说:"我仍然不能想象,这个天才的头脑不再用他那强有力的思想来哺育两个半球的无产阶级运动了。我们之所以有今天,都应归功于他;现代运动当前所取得的一切成就,都应归功于他的理论的和实践的活动;没有他,我们至今还会在黑暗中徘徊。"

马克思最伟大的贡献不仅在于亲自参与了无产阶级革命,更在于他创立的伟大学说。马克思的理论创造比他短暂的政治活动具有更长久的影响。马克思是个像普罗米修斯一样的盗火者,他为在黑暗中摸索的无产阶级和被压迫民族指明了解放的方向。恩格斯在给马克思的信中曾经说过:"目前首先需要我们做的,就是写出几部较大的著作,以便向许许多多非常愿意但不能独立胜任的知识浅薄的人提供必要的依据。"马克思就是这种撬动旧世界的理论支点的创造者,这是对无产阶级解放事业彪炳千秋、永载史册的伟大贡献。

马克思的思想不仅属于无产阶级,也是全人类的文化遗产。因为马克思创立的学说中包含的对世界发展规律、对人类社会发展规律的认识,大大丰富了人类积累的智慧宝库,为人类知识增加了最具创造性的新内容。并且为人类对自然、社会、人类自身的认识提供了世界观和方法论指导,从而为人文社会科学的

马克思在这里诞生(特利尔布吕肯巷 664 号)

科学化奠定了思想理论基础,为人类认识和科学进步提供了新的推动力量。

历史为无产阶级和人类贡献了一位世纪天才马克思,马克思以后的人类历史又见证了马克思主义的曲折光辉历程,见证了马克思作为伟大思想家的远见卓识和求实睿智的科学精神。马克思是被反动统治者迫害、驱逐的德国流亡者,一生贫困多病,儿子夭折,连寄信的邮票钱都没有。可这一切都没有阻止他为创立无产阶级和人类解放的理论而进行研究和写作的革命激情。卷帙浩繁的《马克思恩格斯全集》就是明证。只活了 65 岁的马克思,为人类留下的思想财富如此丰富,这在人类历史上是少见的。我们纪念作为伟大革命导师的马克思,同时要纪念作为伟大思想家的马克思,牢记马克思是马克思主义学说的创立者。

当年与马克思恩格斯同时代的人创造的学说,不少已经成为历史陈迹。当代西方没有任何一个理论家能为解决西方资本主义矛盾提出一个有效的理论说明和解决方法。马克思并非高官政要,也非富可敌国的亿万富翁。就是这样一个穷困多病的人,逝世时惊动了整个欧洲,当时不少报刊发表社论和文章对他表示敬意,不少工人组织对他表示哀悼。在人类历史上为穷人说话表示哀怜的思想家并不少见,摇晃"穷人乞食袋"的各种社会主义流派也很多,但唯有马克思不是用怜悯,不是用眼泪,不是用抽象人道主义原则表示同情和抚慰,而是真正用科学理论揭示他们的处境并为他们指出解放的途径。马克思是用真理征服世界,用真理改造世界。只有真理的力量才是不可战胜的。

黑格尔说过,"伟大的灵魂——哲学史上的英雄们的身体,他们在时间里的生活,诚然是一去不复返了,但他们的著作(他们的思想、原则)却并不随着他们而俱逝。"历史上不少著名思想家逝世了,但是其思想不会死,因为它通过文字对象化为著作,可以为后人所研究、吸收和借鉴。但我们需要特别强调的是,作为思想家的马克思对历史和现实产生的影响,和历史上一些著名思想家的不同之处在于他同时是一个革命家,是一个实践者。马克思的著作不只是藏于世界各个图书馆的典籍,不只是待人阅读和研究的经典。马克思永远是活着的马克思。英国学者特里·伊格尔顿说得对:"与政治家、科学家、军人和宗教人士不同,很少有思想家能真正改变历史进程,而《共产党宣言》的作者恰恰在人类历史发展进程中发挥了决定性作用。历史上从未出现过建立在笛卡尔思想之上的政府,用柏拉图思想武装起来的游击队,或者以黑格尔的理论为指导的工会组织。马克思彻底改变了我们对人类历史的理解,这是连马克思主义最激烈的批评者也无法否认的事实。就连反社会主义思想家路德维希·冯·米塞斯也认为,社会主义是'有史以来影响最深远的社会改革运动;也是第一个不限于某个特定群体,而受到不分种族、国别、宗教和文明的所有人支持的思想潮流。"全世界马克思主义的信仰者之多,超过任何一种思想理论。最近英国共产党总书记罗伯特·格里菲思在回答记者提问时说,"无论是有组织的工人运动、知识分子运动,还是工会组织,甚至今天的工党,都深受马克思主义思想的指导和影响。可以说,马克思主义一直活跃在英国。"

当然,马克思主义是在斗争中发展的。马克思主义这样一种改变社会形态、改变世界政治格局的理论,必然触犯一切旧有统治者和有产者的利益。它的存在和发展,不可能无风无浪水波不惊。树欲静而风不止。一个半世纪以来反对马克思主义的思潮和学说从来没有停止过。在当代,我们应该特别注意那种把马克思主义与马克思对立起来的观点。有论者往往引用马克思说的"我只知道我自己不是马克思主义者"作为立论根据。其实,这是马克思对自称马克思主义者的法国工人党中的一些极"左"分子的批评。恩格斯在批评德国党内的一些大学生的幼稚行为时,也曾引用过马克思这句话,并且明确指出马克思这段话真实意义是为了区分"龙种与跳蚤"。

马克思主义和马克思是不可分的。马克思是马克思主义的缔造者。没有缔造马克思主义的马克思,也许是个律师,大学教授,或者只不过是名不见经传的普通知识分子,而不是现在遍及亚非拉受到人们景仰的伟大革命家和思想家;同样,没有马克思,就不可能产生马克思主义的科学体系。马克思逝世多年后,恩格斯曾深情地说:"马克思比我们大家都站得高些,看得远些,观察得多些和快些。马克思是天才,我们至多是能手。没有马克思,我们的理论远不会是现在这个样子。所以,这个理论以他的名字命名是理所当然的。"

马克思主义作为科学体系是唯一的,不存在两种根本不同的马克思主义。马克思主义是发展的,但发展着的马克思主义仍然是马克思主义。在马克思逝世后,马克思主义中会出现不同流派,当代就存在各种名称的马克思主义。但历史和实践是思想理论的过滤器,它会不断把风靡一时但终究经不起实践检验的所谓"马克思主义"抛向被历史逐渐遗忘的角落,例如所谓宗教马克思主义、存在主义的马克思主义、弗洛伊德主义的马克思主义或现象学的马克思主义，等等。虽然遗声未绝，但没有多大影响力。我们并非对不同观点的马克思主义流派采取一概排斥的狭隘宗派主义态度。我们坚持马克思主义理论体系的科学性和纯洁性，但我们也会仔细倾听和分析不同的观点。例如西方马克思主义就是当代西方最为流行的一个学派。它们的理论视野和理论风格可能与我们不同。可我们并不把它视为异类。西方马克思主义并非统一的具有完全相同观点的学派，但其中不少学者由于生活在西方社会，他们对西方社会的问题和矛盾可以就近观察，有切身的体会，因此在他们的著作中会有些有价值的思想；但由于他们生活在资本主义处于主导地位的社会环境之中，由于历史和传统的影响，由于种种西方现代哲学思潮的激荡，更由于没有革命需要的推动，因此他们容易走向单纯文本的研究，走的是纯学术化、讲台化的道路。我们对西方马克思主义中的各个个人，对他们的观点和政治立场要采取具体分析的态度。既不是一概赞同，也不是简单拒绝。它山之石，可以攻玉。和而不同的原则对我们处理西方马克思主义同样适用。

我们反对把马克思以后的马克思主义与马克思的思想割裂开来，并不意味着我们认为马克思以后的所有自称的马克思主义者都是马克思思想真正的信仰者和实践者。其中确实存在龙种和跳蚤区别的问题。在当今世界的所谓马克思主义者中，有坚定的马克思主义者，但也会有自称的马克思主义者、更有打着马克思主义旗号的假马克思主义者。我们应该区分龙种和跳蚤，但这不能成为否定作为科学理论体系的马克思主义和马克思思想的不可分割的内在联系,不能成为以所谓回到真正的马克思的原典作为否定马克思以后全部马克思主义的根据。把马克思之后的全部马克思主义归为与马克思思想不同的另类,这实际是在马克思和马克思主义科学体系之间的断源截流,既否定了马克思思想的当代性,也否定了当代马克思主义存在的合理性与必要性。如果只有马克思的经典而没有马克思主义,就不可能指导革命运动和建立社会主义制度。马克思蕴藏在经典中的具有规律性思想必须成为"主义",成为一门具有科学性、连贯性、系统性的科学学说才能发挥重大指导作用。毛泽东同志说过,"主义譬如一面旗子,旗子立起来了,大家才有所指望,才知所趋赴"。如果没有由马克思经典中具有规律性观点构成的马克思主义的旗子作为指导,只是存在着卷帙浩繁的著作和手稿,世界社会主义革命和运动就不可能是现在这个样子。

如果马克思以后的马克思主义都不是真正的马克思主义,那么真正的马克思主义在哪里?据说存在于马克思著作的原典中。这种说法貌似有理,其实似是而非。马克思的著作和马克思主义科学理论不应该是简单的互证或互斥关系,并不是马克思著作中的每句话都能成为基本原理。马克思主义基本原理是马克思经典著作中反复论述的具有规律性的观点,而且经过并且经得起实践检验和证明的,况且马克思以后的马克思主义的创造性发展和实践创造,不是所有的都能够或都应该从马克思文本中找依据。毛泽东同志曾经批评过这种本本主义的研究方法。如果把衡量马克思主义的标准求之于马克思的文本而不是实践,一切求之于本本,很容易陷入把马克思著作中的片言只语,甚至马克思自己已经删除的,或者手稿中的某个角落中寻找出的一句话,作为反对马克思主义基本原理的根据。这是我们现在常见的一种把马克思和马克思主义割裂开来的做法。我一直不同意那种把手稿置于正式出版的著作之上,把一稿置于二稿之上,把二稿置于三稿之上,把已删除的置于正式文字之上,甚至把其中任何一个论述作为衡量马克思主义基本原理正确与否的标准。从思想史角度看,研究马克思的思想发展,研究马克思何以成为马克思主义缔造者的艰难探索历程,可以采用历史的比较研究法,但是研究马克思主义基本原理不能这样。因为马克思缔造的马克思主义基本原理,经历过自我信仰的清算,经历过和恩格斯的讨论与交换意见,经历过和对手的论战,是艰难探索的结果。

马克思的经典著作和马克思主义基本原理是共存共生和相互促进的关系。掌握马克思主义基本原理提供的观点和方法,可以指导我们更深入地学习马克思的经典著作,理解它的精神实质,区分规律性的论述和个别词句,而且结合实践通过反复学习阅读经典,可以有新的体会,有助于创造性地发展马克思主义;而认真学习经典著作,可以加深我们对马克思缔造的马克思主义基本原理的理解,理解马克思为什么提出这个原理,它的理论依据和事实依据是什么,从马克思著作对原理的论述中学会他们分析问题的立场、观点和方法,从而加强实际运用的能力。

中国共产党最重视马克思主义经典著作学习。在延安时期,毛泽东同志就为干部指定过经典著作必读书目。在社会主义革命和建设时期曾经多次指定必读书目。这个传统一直延续至今。习近平同志非常重视马克思主义经典著作的学习。他在多次讲话中强调马克思主义经典著作学习的重要性,强调要通过经典著作的学习,掌握马克思主义的立场观点方法。

我们重视马克思主义经典著作的研究,重视中国马克思学说的建立,重视对经典著作的历史研究和正确诠释,不是立足于寻找马克思和恩格斯、青年马克思和老年马克思、马克思主义与马克思之间的对立,在所谓空隙处、矛盾处做文章。任何一个熟悉人类思想史的人都能理解,马克思和恩格斯是两个人,都是有个性的伟大思想家,他们之间不可能不存在语言、风格的各自特点,存在学术上的分工,甚至某个观点的差异和探讨,关键在于他们基本观点上的一致性,才可能成为马克思主义学说的共同创造者;一个思想家的青年时代和老年时代的思想也不可能不存在变化,思想之路并非笔直的而是一个探索过程,关键在于是否存在一以贯之的思想内核和基本观点。一个真正伟大的思想家的思想发展历程是日渐成熟,而不是越来越倒退。思想倒退不可能真正成为伟大的思想家。至于马克思主义和马克思思想的关系更不是固守经典亦步亦趋的关系。马克思并不是马克思主义科学体系的完成者而是奠基者。马克思主义是一个开放的创造性体系,马克思主义不是终极真理,而是永远处于发展之中。马克思的经典著作不可能包括他逝世以后所有马克思主义的发展的内容,但发展着的马克思主义的思想源头是马克思的思想。正如列宁说的:"沿着马克思的理论的道路前进,我们将愈来愈接近客观真理(但不会穷尽它);而沿着任何其他的道路前进,除了混乱和谬误之外,我们什么也得不到。"这正是我们要隆重纪念马克思诞辰 200 周年的原因。

三、以问题为导向是马克思理论思维方法的精髓

　　问题的重要性是马克思在与莫泽斯关于国家集权问题的争论中提出来的。在 1842 年马克思关于中央集权问题的未完成稿中，他批评莫泽斯把"'自己抽象的哲学概念'偷偷地塞进哲学"，从而提出了问题的重要性。马克思强调，"世界史本身，除了通过提出新的问题来解答和处理老问题之外，没有别的办法"。强调"问题就是公开的、无畏的、左右一切个人的时代声音。问题就是时代的口号，是它表现自己精神状态的最实际的呼声。"

　　马克思创立马克思主义的理论时，自始至终贯穿着问题意识，他致力于提出新问题并寻求科学的答案。到马克思诞生前，社会主义思潮已经经历了几百年的发展，积累了许多有价值的思想，可是对人类向何处去，资本主义社会向何处去，人类如何才能获得解放，哪个阶级是人类解放的主导力量等重大问题，既没有科学地提出这些问题，更没有科学做出回答，因此社会主义长期停留在空想社会主义阶段。马克思主义的诞生标志着社会主义由空想到科学的转折，就是因为它始终围绕这个主题，从哲学、政治经济学和科学社会主义学说各个角度进行科学的研究，做出了立足现实的具有规律性的结论。不面对资本主义向何处去，人类如何获得解放的问题，就没有必要产生马克思主义；不科学地找到资本主义向何处去，人类如何获得解放的答案，就不可能产生马克思主义。可以说，牢牢掌握问题导向，是理解什么是马克思主义和如何坚持马克思主义的正确途径。

我们只要回想一下马克思的思想理论历程和他的全部著作的内核就可以明白问题意识的重要性。被列宁确定为马克思思想转折的两篇发表在《德法年鉴》的文章《论犹太人问题》和《〈黑格尔法哲学批判〉导言》，就是以问题为导向展开的。前文以争论犹太人如何从宗教信仰下解放出来的问题，提出政治解放和人类解放的关系问题；而后者则提出了哪个阶级是人类解放的领导力量的问题。马克思明确得出结论，只有政治解放还不是真正的解放，政治解放并不能使人类摆脱物的异化和自我异化力量的统治，只有人类解放才能摆脱资本主义制度获得解放。而这种可能性就在于"形成一个被彻底的锁链束缚着的阶级，即形成了一个非市民社会阶级的市民社会阶段""一个若不从其他一切社会领域解放出来从而解放其他一切社会领域就不能解放自己的"阶级，这个阶级"就是无产阶级"。马克思完全突破了把人类解放寄希望于上层阶级慈悲心、把无产阶级视为社会的累赘的空想社会主义观点。

可以说，马克思的全部著作都是直接或间接地围绕如何改变资本主义私有财产制度、人类如何获得解放，如何建立实现人的自由而全面发展的社会为轴心展开的。在《共产党宣言》中，马克思和恩格斯通过对人类历史发展规律、资本主义产生和它的历史地位、资本主义社会内在矛盾，以及无产阶级和共产党的使命的分析，以纲领和宣言的形式向全世界公布了共产党人关于资本主义向何处去和人类历史发展前景的观点。

马克思以四十年殚精竭虑、牺牲健康为代价创作《资本论》，就是通过对资本主义生产方式及与其相适应的生产关系和交换关系的分析，揭露资本主义经济运动规律，反对资产阶级经济学家

"不把资本主义秩序视为是历史上过渡的发展阶段,而把它视为社会生产的绝对的最后的形式"的观点,对为什么资本主义必将为社会主义所取代,为什么作为剩余价值创造者的无产阶级必将充当资本主义制度的掘墓人从经济学角度提供了最有力的论证。

我们只要认真学习马克思和恩格斯的经典,就可以发现马克思的思想始终以资本主义社会向何处去、无产阶级和人类解放、建立人的自由全面发展的共产主义社会为轴心展开。始终坚持以资本主义时代的根本问题为导向,这是马克思之所以成为马克思主义奠基人的原因。我们阅读马克思的经典时可以把它还原为问题,从问题的角度可以更深的理解它的精髓。

以问题为导向的理论思维方法,为马克思以后的马克思主义创造性发展提供了无限的可能和空间。因为问题具有时代性、民族性和历史阶段性。马克思之后的马克思主义,必然会遇到马克思当时没有出现的新情况、新问题。正是以问题为导向,推动着马克思主义创造性发展。

四、马克思主义中国化与以人民为中心

以问题为导向是马克思主义的理论思维传统,也是中国马克思主义的本质特征。马克思主义中国化,说到底就是立足中国现实,以解决中国问题为指针。毛泽东同志说过:"全世界自古以来,没有任何学问、任何东西是完全的,是再不向前发展的。""俄国的问题只能由列宁解决,中国的问题只能由中国人解决。"邓小平同志也强调:"绝不能要求马克思为解决他去世之后上百年、几

百年所产生的问题提供现成答案。"习近平同志特别重视问题意识和以问题为导向，十八大以来形成的习近平新时代中国特色社会主义思想，都具有明确的问题意识和以问题为导向的指向性。

中华人民共和国成立69年的历史是一部由站起来，到富起来，再到迎接强起来的历史。马克思主义普遍真理和中国实际相结合，从根本上说就是同解决中国不同时期面对的根本问题相结合，从而形成与其相适应的中国道路。中国道路就是解决中国问题的最成功最有效方式，中国当代马克思主义就是中国道路的理论结晶和升华。民主革命是寻找中国不同于苏联的革命道路，这就是工农武装割据，农村包围城市的中国独特的革命道路；社会主义革命和建设时期是探索在一个国家经济落后一穷二白的基础上如何建立一个完整的工业体系，使站起来的中国社会主义立得住、站得牢。在前30年，我们经历过几次战争的考验，经历过灾患的考验，经历过挫折和失误的考验，我们积累了经验也得到了教训，为改革开放奠定了社会主义基本的经济制度和政治制度基础。改革开放时期，邓小平同志找到了一条使仍然处于比较贫穷和被封锁的社会主义中国迅速变成一个富起来的中国的道路，制定了"一个中心、两个基本点"的基本路线。经过30多年的建设，中国特色社会主义取得了举世瞩目成就，成为世界第二大经济实体，成为在世界上有重大影响的大国。十八大以来，中国特色社会主义进入新时代，改革进入攻坚克难的深水区，中华民族迎来了从富起来到强起来的伟大飞跃。

从富起来到强起来的道路更为艰巨。从站起来到富起来，有全民奔富的动力，谁都愿意先富起来，从而释放出最大的能量和活力。富起来以后增强了国力，人民生活有了很大提高。但富有富的问题。庄子说过，富而多事。富起来会出现富而惰、富而骄，甚至因求富而利用手中权力而贪赃枉法。习近平同志敏锐把握新时代人民对美好生活的需要和不平衡不充分发展的社会主要矛盾的变化，紧紧把握如何满足人民对美好生活的向往，使改革成果惠及全体人民。

在迎接强起来的道路上，习近平同志非常清楚党和人民的重要性。吸取中国历史上"历史周期律"的经验和苏联社会主义失败的教训，习近平同志把全面从严治党、惩治腐败，倡导共产党应该自我革命放在治国理政的重要地位；根据得人心者得天下的中国传统政治智慧，总结苏联红旗落地时人民袖手旁观无动于衷的政治冷淡主义的教训，习近平同志反复强调"以人民为中心"，"人民对美好生活的向往，就是我们的奋斗目标"。以习近平同志为核心的党中央解决了许多长期想解决而没有解决的难题，办成了许多过去想办而没有办成的大事。习近平新时代中国特色社会主义思想的光辉成就和出台的一系列改革开放的新举措之所以得到全党和全国各族人民的支持和拥护，根本原因正在于此。

习近平同志在十三届全国人大一次会议上发表重要讲话时再次强调，人民是历史的创造者，人民是真正的英雄。波澜壮阔的中华民族发展史是中国人民书写的！博大精深的中华文明是中国人民创造的！历久弥新的中华民族精神是中国人民培育的！中华民族迎来了从站起来、富起来到强起来的伟大飞跃是中国人民奋斗出来的！

在一个曾经饱受帝国主义欺凌的中国，在一个贫困落后的中国,中国共产党人高举马克思主义和中国特色社会主义的旗帜,在实践中取得辉煌成就。习近平同志在十九大报告中"不忘初心,牢记使命"的嘱托仍然回荡在我们耳边。这就是中国共产党人和中国人民对马克思的最好纪念。

第二讲　坚定马克思主义信仰

一、什么是信仰

有位先生上门聊天,很是感叹:没有信仰的人是最可怕的人,不怕天、不怕地、不怕神、不怕鬼。总之什么都不怕,什么都敢干。言下之意,在当代只有宗教才能匡正世风人心。我说,先生之言有理,但不全。有人相信上帝,有人相信佛陀。上帝要人人相爱、佛陀教人慈悲为怀。这都是劝人为善。这些完全可以理解,宗教开始都产生于人间的不平,它当然宣传爱和众生平等。虽然这是在宗教框架内，但实际上已进入伦理学——宗教伦理。

宗教有文化作用，也有道德教化作用。可宗教道德有个无法解决的矛盾，如果劝善拒恶是建立在对天堂的向往和对地狱的恐惧，建立在轮回或因果报应的信念上，这种教化作用是有限的。它不是一种道德自律，而是一种恐惧。恐惧产生的道德往往是外在力量的压抑，人变得渺小。我们无法企图以为宗教真能救世、真能匡正世风人心。真正发生效用的倒是对善男信女们，他们本来就是"良民"，是一些普通的百姓。西方有些大科学家也信教，他们不是偶像崇拜，也不会相信上帝创世或天堂地狱之类的说教，他们是把宗教作为一种处理人际关系和自我约束的伦理原则。这些有积极作用。对以宗教牟利，或以宗教为政治统治手段的人，宗教无助于自己的道德，只是一种工具而已。

唯物主义者、无神论者，不信仰宗教，不见得道德水平低。恩格斯在讲到法国唯物主义时说过，唯物主义者同自然神论者伏尔泰和卢梭一样，几乎狂热地抱有社会进步信念，并且往往为它付出个人最大的牺牲。如果说有谁为了真理和正义的热诚而献出了整个生命，那么，狄德罗就是这种人。

马克思主义者是无神论者，真正的马克思主义者是具有爱心和崇高道德理想的人，他们爱人民，爱受压迫、无依无靠的亿万劳动者。这是一种大爱。多少人为了这种爱而牺牲在刑场、战场。这种为人民解放、为社会主义理想而舍身忘家的人，与对天堂向往和对地狱恐惧而行善的人，道德水平不在一个层次上。

不信神的人有些可能是坏人，敢于为非作恶、做坏事，而信仰宗教的人可能有慈悲心、菩萨心,但也可能相反。我们不来说中世纪宗教裁判所的残忍,不来说《十日谈》中那些令人捧腹但又发人深省的对教会的讽刺,就以资本主义扩张时的殖民战争为例,那些在所谓落后国家烧杀掠夺为所欲为的强盗们中,虔诚的基督徒还少吗?在当代西方神职人员中,性侵犯者也屡见不鲜。至于旧西藏农奴主和上层僧侣们不都是某种宗教的信仰者甚至是誓死的护法者吗,道德水平又如何呢?历史和现实都证明,道德水平高低无关有无宗教信仰。

马克思主义者也有信仰,但不是宗教信仰。有位哲学家说过,如果我们信奉一种哲学学说,我们有权利追问我们为什么应该相信它。的确,信仰需要有充分的理论依据和逻辑论证,要有经得起反驳的理由。没有理由的信仰是盲从;没有真理性的信仰,往往陷入迷信。马克思主义者信仰马克思主义,因为它是一个经过严密理论论证的、经过实践检验的科学理论体系。它既是科学理论,又是理想信仰。有些人认为现在还信仰马克思主义,肯定是被洗脑,或者思想太不解放。我就亲眼见过这样的事。当我们到外地参加一次关于马克思主义的讨论会,在机场出口处见到举着某某会议的接人牌子时,一些人很表诧异。惊奇之意,十分清楚:怎么现在还会有这种会!"道不同,不相为谋",信哉斯言。

信仰是人不同于动物的一个特点。有意识有思想的人也是有信仰的人。区别只在于这种信仰科学不科学、坚定不坚定、自觉还是自发,而不是有与无。那些被认为干坏事而没有信仰的人,其实是既没有对末日和天堂地狱的恐惧、没有因果报应的宗教信仰,更没有伟大的理想信仰,但他们肯定有一种信仰,这就自发地相信

"人不为己,天诛地灭"。他们可能不知道何谓信仰,也不知道自己怀着这种观念也是一种信仰。因为这种极端利己主义的信仰与他的人生观是合而为一的。他怀着一种极端自私的人生观,认为人的本性是自私的,这种坚定不移的观念就是他的信仰,而他的这种信仰就是他的人生观。这种极端自私的人生观成为信仰,这种错误人生观与信仰合而为一的自发信仰,危害性最大,也最为顽固。

在当今的所有信仰中,争论最大甚至需要用生命来实现的科学信仰是马克思主义。如果前资本主义不算的话,在当代西方"文明"的资本主义社会,没有人因为你相信上帝、相信佛陀而迫害你,也不会因为你相信实用主义或者利己主义而歧视你,可相信马克思主义则不同。马克思主义涉及他们的根本制度问题,涉及维护谁的利益问题。因此信仰马克思主义,同时意味着具有反对剥削制度、反对资产阶级统治的政治信仰。这种信仰,得不到统治阶级的默许更不用说赞同,有什么奇怪呢!

如果你只是说说而没有行动,在当代西方世界可以容忍,因为它标榜信仰自由,但有一个条件,你不能按照马克思主义原则而进行斗争,并企图按照马克思主义来改变资本主义社会。讲坛马克思主义、论坛马克思主义,对资本主义社会无害、无大害,相反彰显它是自由民主的国家,可一旦真正企图实现社会主义行动,那就对不起,照样会镇压,会取缔。美国不是有过麦卡锡主义吗? 现在可能没有明目张胆的麦卡锡主义,可有中情局。何况只停留在讲坛、论坛的马克思主义,就其作为马克思主义的作用而言,是有限的。这就是为什么西方不会禁止马克思主义,但不准有马克思主义者

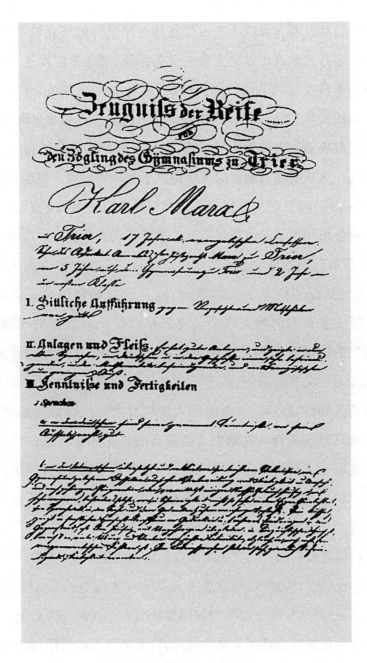

马克思的博士证书

的革命行动。西方可以不断出现各种各样名称的马克思主义,但是不会容忍出现真正以马克思主义为指导、把变革资本主义付诸行动的革命政党和革命行动。在《西班牙起义报》2012年1月1日发表的文章《美国是一切危机之母》中讲道,"占领华尔街"运动不只是对华尔街贪得无厌的回应,而且是对已经腐化的整个制度的回应。这场运动为僵化的现状提供了唯一的希望。但运动的参与者是昙花一现,还是能坚持下去并与其他国民找到交点,为一个充满不公正和矛盾的体制带来根本性变革仍有待观察。这场没有领导、没有理论指导的运动是难以持久的。可以肯定,"占领华尔街"运动暴露了资本主义的矛盾,但并没有如何解决矛盾的答案。资本主义向何处去这个马克思早已提出和解答的问题,对于当代的抗议者仍然是个悬案。在这场运动中,你没有看到西方马克思主义者的身影,没有听到他们的言论。我以为,如果马克思主义和群众运动,尤其是和大规模群众性反抗运动相脱离,这种马克思主义与马克思主义创造者的理论相距太远。当然纯粹马克思主义的研究者、"马克思学"的学者是需要的,但他们不是马克思主义的真正信仰者更不是实践者。他们不是革命者而是学者。

信仰需要理由。马克思主义者信仰马克思主义,当然有理由。迄今为止,在当代世界,马克思主义对于立志改造社会、改变世界的人来说,最具有理论说服力和理想吸引力。在人类历史上,有哪一种学说是像马克思主义这样为人类,为全世界被侮辱、被压迫的人类、民族谋利益谋解放的学说?是如此合乎逻辑的最具理论说服力理论论证的学说?

宗教不可能解放人类。原始基督教的产生虽然具有革命性，但后来蜕变成统治者对群众进行精神奴役的工具。中国历史上的农民战争曾利用过宗教作为组织手段和凝集方式，但这不是解放人类的战争，而只是一种斗争的组织工具。宗教不可能解放人类，它只可能解放信仰者个人的灵魂，但代价是牺牲自我，跪倒在自己崇拜的偶像面前，而不能真正解放成为大写的人。

马克思主义不同。她是人类解放的旗帜，是世界上各国共产党人、马克思主义者斗争的旗帜。从十月革命至今一百余年，共产主义革命此起彼伏，在困难中前进。马克思主义不仅是一种信仰，而且是一种理论，是一种运动，是一种亿万人参加的群众性运动。坚定的马克思主义信仰是真正共产党人的政治优势。邓小平说过，过去我们党无论怎样弱小，无论遇到什么困难，一直有强大的战斗力，因为我们有马克思主义和共产主义的信念。事实证明，不管苏联解体和东欧剧变带来多少伤害，但马克思主义并未消失，社会主义并未失败。中国特色社会主义的成就，世界资本主义的经济危机，再度显示马克思主义的理论威力。

信仰需要理由，可信的理由总是与理性思考不可分。信仰的科学性就在于它是经得住实践检验的具有真理性的认识。信仰是否坚定，不仅要有理论的支撑，更需要行动，言行不一的"信仰"不是真正的信仰。我们孔夫子也说过，"始吾于人也，听其言而信其行；今吾于人也，听其言而观其行"。看起来，连孔子都自我检讨，不能轻信，要看其是否言行一致。信仰，只有言行一致才算真正的信仰。行动上的侏儒和语言上的巨人，不管如何激昂慷慨，终究不算具有真正的信仰。

在历次革命中,都能见到一些激昂慷慨、悲歌击筑,甚至以咬破手指写血书表态明志的人,但并非每个人都能坚持到底。1939年毛泽东在纪念"五四"运动二十周年时专门讲过这个问题。他说,有些青年,仅仅在嘴上大讲其信仰三民主义,或者信仰马克思主义。这是不算数的。真正的信仰应该是言行一致的,而且判断一个人的信仰应该是听其言、观其行,看其对人民群众的行为。毛泽东曾以张国焘为例,说他不是信仰过马克思主义吗?他现在到哪里去了呢?他一小差开到泥坑里去了。大浪淘沙,历史的考验是信仰真假的见证。

二、马克思主义是科学学说还是信仰

有人问我:马克思主义是科学学说还是信仰?马克思主义当然是科学学说,但对以马克思主义为指导的共产党来说,对马克思主义者和一切反对资本主义制度的革命者来说,马克思主义学说可以成为一种信仰。这里所说的信仰,就是行为原则、理想追求、价值目标。

马克思主义是科学学说,它是以事实为依据、以规律为对象、以实践为检验标准的学说。事实、规律、实践,是任何一门科学的本质要素。不以事实为依据、不研究规律、不以实践为检验标准的所谓"学说",不能称为科学。马克思主义是科学学说,马克思和恩格斯创立马克思主义依据的就是事实。马克思主义政治经济学依据的是资本主义社会的经济事实,马克思主义哲学是对自然科学和社会科学的总结,尤其是19世纪上半叶自然科学和社会科学研究提供的科学成果;至于科学社会主义不同于空想社会主义的地方,正在于它是立足于资本主义社会现实的。马克思主义基本原理,包括哲学原理、政治经济学原理、科学社会主义原理,都是以事实为依据,以规律为对象,经过实践检验和仍然经得起实践检验的具有规律性的认识。当然,它不可能详尽无遗地包括马克思和恩格斯的全部思想。我们还在不断地根据新的时代,新的事实进行研究。基本原理可以丰富、运用和发展,但不能推翻。当代中国马克思主义在哲学、政治经济学和社会主义学说的发展,其事实依据就是我国国情和我国发展的实践,成果就是对中国特色社会主义规律的新概括和新总结,而标准仍然是实践。事实依据、规律概括、实践标准,是马克思主义作为科学学说始终如一的要素。

马克思主义学说是科学,绝不是说马克思主义揭示的规律可以没有人的参与而自动起作用。相反,它必须有这种学说的信仰者为之奋斗,为之实践,马克思主义学说的理想才有可能实现。正如普列汉诺夫说的,月食是客观规律,没有人为阻止月食或促进月食而组织月食党,但为实现无产阶级革命必须组织革命党。由学说进到行动,由理论进到实践,必然进入对马克思主义科学学说的信仰维度。一个不为马克思主义理想而奋斗,不为社会主义和共产主义理想而奋斗的共产党,只是徒有其名的"共产党";一个不为马克思主义理想而奋斗的人,最多可成为马克思主义的研究者,而不是信仰者;可成为学者,而不是马克思主义者。

马克思主义作为科学和作为信仰有区别吗?当然有。科学是共有的、普遍的,而信仰是个人的。马克思主义作为共产党的信

QUOD
FELIX FAUSTUMQUE ESSE IUBEAT
SUMMUM NUMEN
AUCTORITATE
HUIC LITTERARUM UNIVERSITATI
AB

FERDINANDO I

IMPERATORE ROMANO GERMANICO
ANNO MDLVII CONCESSA
CLEMENTISSIMIS AUSPICIIS
SERENISSIMORUM
MAGNI DUCIS ET DUCUM SAXONIAE
NUTRITORUM ACADEMIAE IENENSIS
MUNIFICENTISSIMORUM
RECTORE ACADEMIAE MAGNIFICENTISSIMO
AUGUSTO ET POTENTISSIMO PRINCIPE AC DOMINO

CAROLO FRIDERICO

MAGNO DUCE SAXONIAE VIMARIENSIUM ATQUE ISENACENSIUM PRINCIPE LANDGRAVIO THURINGIAE
MARCHIONE MISNIAE PRINCIPALI DIGNITATE COMITE HENNEBERGIAE
DYNASTA BLANKENHAYNII NEOSTADII AC TAUTENBURGI

PRORECTORE ACADEMIAE MAGNIFICO
VIRO PERILLUSTRI ATQUE AMPLISSIMO

ERNESTO REINHOLDO

PHILOSOPHIAE DOCTORE ARTIUMQUE LIBERALIUM MAGISTRO
MAGNI DUCIS SAXONIAE VIMARIENSIS ET ISENACENSIS A CONSILIIS AULAE INTIMIS PHILOSOPHIAE PROFESSORE(?) PUBLICO ORDINARIO

DECANO ORDINIS PHILOSOPHORUM ET BRABEUTA
MAXIME SPECTABILI
VIRO PERILLUSTRI ATQUE EXCELLENTISSIMO

CAROLO FRIDERICO BACHMANNO

PHILOSOPHIAE DOCTORE
SUBSENATUS(?) DUCIS SAXE-ALTENBURGENSIS A CONSILIIS AULAE INTIMIS MORALIUM AC POLITICES PROFESSORE PUBLICO ORDINARIO INSTITUTORUM
... INSTITUTI ... PARISIENSIS SOCIETATUM CAESAREAE ...
... SCIENTIARUM ... ET ... ACADEMIAE LITTERARUM ...
... IN AMERICA SEPTENTRIONALI ET LATINAE IENENSIS ALIARUMQUE E SOCIO

ORDO PHILOSOPHORUM
VIRO PRAENOBILISSIMO ATQUE DOCTISSIMO

CAROLO HENRICO MARX

TREVIRENSI

DOCTORIS PHILOSOPHIAE HONORES
DIGNITATEM IURA ET PRIVILEGIA
INGENII DOCTRINAE ET VIRTUTIS SPECTATAE INSIGNIA ET ORNAMENTA
DETULIT
DELATA
PUBLICO HOC DIPLOMATE
CUI IMPRESSUM EST SIGNUM ORDINIS PHILOSOPHORUM
PROMULGAVIT
IENAE DIE XV M. APRILIS A. MDCCCXLI

TYPIS BRAN

马克思的中学毕业证书

仰,其中就包括每个共产党员个人的共同信仰。马克思主义所揭示的规律,对所有的人都适用。资产者们可以不喜欢劳动价值论,不喜欢剩余价值学说,不喜欢阶级和阶级斗争学说,不喜欢社会主义最终会取代资本主义社会的学说,总之,他们可以不喜欢马克思主义学说,反对或禁止马克思主义的传播,可是马克思主义揭示的规律照样存在。中世纪不会因为神学家们的反对,地球就不再围绕太阳旋转。马克思主义揭示的基本规律也不以人的意志为转移,个人好恶取舍无碍于它的存在。"不为尧存,不为桀亡",用在此处,十分贴切。

信仰则不同。马克思主义只有对共产党人,对马克思主义者,对一切拥护马克思主义的人来说,它才是信仰。对于一切反对马克思主义的政党或学者,它就不具有信仰的性质,而是反对的对象,被视为歪理邪说。任何信仰都是信仰者的信仰,而不能成为不信仰者的信仰。作为一种信仰,可以有马克思主义的信仰者,也会有马克思主义的反对者。即使在马克思主义队伍内部,信仰的坚定性程度也不会完全一样。

对坚定的马克思主义者来说,科学和信仰是统一的。一个马克思主义者的信仰是否坚定,取决于它对马克思主义科学性的态度。越是深入地理解马克思主义的科学性,个人信仰越是坚定。马克思主义的科学性是信仰坚定性的理论基础;而信仰坚定性是马克思主义学说科学性的内化,化为内心的坚定的信念和情感:"砍头不要紧,只要主义真。杀了夏明翰,还有后来人。"科学理论动摇,信仰就会随之倒塌。这就是为什么恩格斯要求追随者们要把社会主义作为科学来研究的原因。

三、科学信仰和宗教信仰的区别

在历史和现实中把马克思主义宗教化的学者并不少见。著名哲学家罗素在他的《西方哲学史》中说,耶和华等于辩证唯物主义,救世主是马克思,无产阶级是选民,共产党是教会,耶稣降临是革命,地狱是对资本主义的处罚,千年王国是共产主义。这种比附当然是曲解,不值一驳。在当代,把马克思主义宗教化的现象并不罕见。约瑟夫·熊彼特在《资本主义、社会主义和民主主义》中就明确说,"在某种意义上说,马克思主义是一种宗教",因为,"第一,它提供了一整套最终目标,这些目标体现着生活的意义,而且是判断事物和行动的绝对标准;第二,它提供了达到这种目标的指南,这一指南包含着一个拯救计划,指出人类或人类中被选择出来的一部分应该摆脱的罪恶"。指摘马克思主义把资产阶级定为罪人,无产阶级视为上帝选民,资本主义视为罪恶,共产主义视为千年王国,是一种常见的歪曲和曲解马克思主义本质的伎俩。马克思主义宗教化,是把为改变此岸世界而斗争的学说,变为憧憬彼岸世界的梦想。理想化为幻想,革命学说变为劝世箴言。

宗教信仰是个人的私事,我们党保护宗教信仰自由。马克思主义作为信仰和宗教信仰有本质区别。马克思主义的信仰,是以事实为依据的信仰,是建立在规律基础上的信仰;宗教信仰是建立在"信"的基础上的信仰,我"信"因而我信仰。宗教信仰不追问"为什么可信",而是"信";科学学说不是问"信什么",而是要问"为什么可信"。不能回答"为什么信","可信"的科学根据和事实根据是什么,就没有科学;而穷根究底地追问为什么信,为什么可信,信仰的科学根据和事实根据是什么,就没有宗教信仰。

马克思主义是救世的,是改造社会的,是认识世界和改造世界的学说;而宗教是救心的,宗教信仰是自救自赎的。宗教不企图改变世界,改变社会,而是各人回归自己的内心世界,改变自我。马克思主义解决的是社会不公问题,而宗教解决的是个人灵魂失衡问题。宗教抚慰对宗教信仰者有效,而对非信仰者无效。马克思主义以解放人类为目标,解决社会向何处去的问题。不管你对马克思主义信与不信,消灭剥削,消除两极分化,消灭阶级,获得解放的不是某个人,而是整个社会。

马克思主义是治河换水,治水救鱼,只有水好,鱼才能成活;宗教是救鱼的,水有没有污染是否适合养鱼,这不是宗教的任务。宗教劝导各归本心,培养自己的慈悲心、善心、爱心。宗教有各种清规戒律,规范信徒的行为。从这角度,宗教具有伦理性质,修心养性,行善积德,劝人为善。宗教有它特有的社会功能,我们重视宗教对人心教化的良性作用。但社会不可能通过逐个改造人心而得到根本改造。只有变革社会,建立一个共同富裕的公平正义的社会,人才真正有安身立命之处。

对于虔诚的教徒来说,自己信仰的宗教是不能批评的。马克思主义不仅批判世界,而且提倡自我批评。一个真正的马克思主义政党,是一个有自我批评勇气,有改正错误勇气的政党。中国共产党一贯倡导批评和自我批评。一个坚定的马克思主义者,不仅对反马克思主义思潮具有战斗性,还能够审查自身理论阐述的真理性和说服力。一个只能接受点赞而不接受批评的共产党,不是成熟的共产党;一个只讲蛮话,讲硬话,不准对自己观点质疑的人不是真正的马克思主义者。马克思主义者的坚定性表现为勇于坚持真理,敢于实事求是。乌云难以蔽日,真理不怕反驳。

四、做坚定的马克思主义信仰者

姓马是光荣的,历史上没有一种学说有马克思主义如此大的吸引力、凝聚力;也从来没有一种学说像马克思主义这样,如此深深地改变世界,使资本主义世界对它如此害怕;也没有一种学说像马克思主义这样让维护资本主义的形形色色的理论家为驳倒它而绞尽脑汁,劳心费力。一代又一代、一批又一批、一次一次宣布马克思主义已经被消灭、被驳倒,可马克思主义依然是当今世界最具影响力的学说。

苏联解体、东欧剧变,不是马克思主义的失败,而是教条主义和修正主义的失败,是一种僵化体制的失败。它从反面证明了马克思主义的真理性。苏联解体和东欧剧变并不是因为当政者创造性地,与本国实际结合起来应用马克思主义,而是走了一条由教条主义到修正主义,到最终解散共产党取消马克思主义的道路。走了一条由深陷泥潭到彻底没顶的道路。

马克思主义与社会主义现实之间,存在着一个由理想转变为现实的中间环节,这个环节就是共产党人的实践和实际路线和政策。马克思主义真正发挥作用必须有一个马克思主义政党,有一大批矢志不渝为之奋斗的忠诚信仰者和实践者。宣布取消共产党领导,取消马克思主义的指导地位,就注定没有任何可能通过总结教训来挽救社会主义。这种社会主义社会必然失败,回天乏术。

　　做一个马克思主义者很难,做一个坚定的马克思主义者更难。我们社会主义革命已经取得了胜利,政权掌握在自己手中,不存在因为坚持马克思主义而杀头、坐牢、流血的问题。但社会主义建设绝不是坐在咖啡馆喝咖啡,高谈阔论,指点江山。对共产党人来说,革命有革命时的生与死的考验,和平建设时期有顺境与逆境的考验,改革有改革时利益关系调整中的金钱考验。从某种意义上说,改革时期的考验更大,因为它是原有的社会关系和利益关系的一次大的调整。在现实生活中,经不起市场经济考验、经不起改革开放考验、经不起地位变化考验、经不起金钱考验的"老虎和苍蝇"并不少。

　　在改革开放中始终坚持马克思主义方向,对理论工作者也是一个考验。改革开放是关乎中华民族命运的大事,也是对每个马克思主义理论工作者的考验。在意识形态领域,我们一定要头脑清醒,能辨别理论上的大是大非。做一个坚定的马克思主义信仰者,不仅要有深厚的马克思主义理论学养,吸取人类积累的广博的知识,而且要有关心社会现实问题和以人民利益为中心的激情和热情。曲论阿世,信口乱言,我死后管它洪水滔天的人,不可能成为马克思主义的坚定信仰者。"不管风吹浪打,胜似闲庭信步。"毛泽东在《水调歌头·游泳》中的这一句词,应该是马克思主义理论工作者的座右铭。

第三讲 《共产党宣言》的当代价值

　　《共产党宣言》(以下简称《宣言》)是马克思和恩格斯为共产主义同盟制定的纲领。正是作为世界第一个无产阶级政党纲领《共产党宣言》理论引导下,自此以后,共产党政党或左派组织,遍及全世界。170年来,《共产党宣言》仍然是影响着当代世界发展和社会主义运动的经典的著作。在马克思的经典著作中,《宣言》是被翻译成世界各国文字最多、再版次数最多的著作。

　　《宣言》对中国马克思主义者、对中国革命领导者和中国革命影响至深的经典著作。它在中国共产党建立前后,影响了整整一大批革命者。使过去一直把视线朝向西方的中国先进知识分子,将目光转向正在发生革命的俄国,对正在为中华民族伟大复兴而奋斗的中国革命知识分子寻找道路发挥了定向作用。毛泽东1936在延安和斯诺谈话时说过,曾有过三本书对他树立马克思主义观点接受马克思主义影响至深,其中一本就是《共产党宣言》;邓小平也曾说过,自已的入门老师是《共产党宣言》和《共产主义ABC》。在中国现代革命史上,《宣言》都在发挥作用。毛泽东多次规定把《宣言》作为指定的必读书目,用以培养我们的共产党人的坚定信仰和理论水平。

中国特色社会主义是《宣言》中确立的科学社会主义在中国的实现。习近平在党的十九大报告中说的"不忘初心、牢记使命",其中最根本的就是不忘记《宣言》中宣布共产主义的最终目标。习近平新时代中国特色社会主义思想,以新理念新思想新战略沿着中国特色社会主义道路朝这个伟大目标前进。中国共产党人和当代中国马克思主义者将永远坚持并创造性地运用《宣言》的基本观点。

一、从《宣言》看什么是马克思主义 和如何对待马克思主义

究竟什么是马克思主义?这是摆在所有真正的马克思主义者面前的一个重大原则问题,也是一个被弄得极其混乱的问题。西方有些学者强调:马克思主义对不同的人意味着不同的东西,从而是一个支撑着异质追求者的不连续的运动。也有人说:马克思主

义思潮中涌现的每一个新的代表人物,从不同程度上说,都是一个马克思主义者。他们用西方解释学的观点来看待马克思主义,认为马克思和恩格斯的著作只是文本,对此如何解释取决于阅读者的理解。这样,他们把马克思主义当成可供随便剪裁的布料。这当然是对马克思主义的肢解。马克思主义是由马克思和恩格斯创立的。一种学说的后继者,可以发展它的创立者的观点,包括抛弃某些陈旧过时的结论和补充新的原理,但决不能违背它的基本原理和根本宗旨。我们只要认真阅读《宣言》,就能比较清楚地找到一个弄清什么是马克思主义的立脚点。

恩格斯在《宣言》1883 年的德文版序言中指出,贯穿《宣言》的指导思想是唯物主义历史观关于社会形态的理论,即每一历史时代的经济生产以及必然由此产生的社会结构,是该时代政治和精神的历史的基础。恩格斯由此阐述了马克思主义的阶级斗争理论,即以社会生产方式和经济结构为依据,并以阶级斗争作为资产阶级社会摆脱剥削和压迫的必经之路。这种阶级斗争理论是唯物史观的重要组成部分,也是《宣言》的指导原则。《宣言》的中心思想和意图是很清楚的,这就是关于两个必然性的理论,即资本主义必然灭亡、社会主义必然胜利的理论。马克思恩格斯在联合署名的《宣言》1882 年的俄文版序言中,强调《宣言》的任务是"宣告现代资本主义所有制必然灭亡"。《宣言》1890 年的德文版序言,只能由恩格斯一人署名,他再次强调《宣言》的根本思想是"宣告现代资产阶级所有制必然灭亡"。《宣言》第一节"资产者和无产者"以无可辩驳的事实和铁的逻辑,宣告"资产阶级的灭亡和无产阶级的胜利是同样不可避免的"。

在马克思恩格斯全部著作中,《宣言》是篇幅较小但影响最大的著作。它可以被看作是其全部成熟著作的纲领和红线,是理解什么是马克思主义的关键。马克思恩格斯的全部著作,就是为实现《宣言》中的两个必然性,为实现无产阶级的彻底解放而进行的理论研究。马克思主义哲学是无产阶级解放的头脑,是无产阶级认识世界和改造世界的思想武器;马克思主义的经济学说是理解资本主义生产方式的本质,理解资产阶级和无产阶级对立的经济基础及对立的解决的经济学依据;而马克思主义的社会主义学说,则是运用马克思主义哲学分析资本主义经济形态所引出的社会主义会最终取代资本主义的社会政治结论。假若从马克思主义的著作中剔除《宣言》的中心思想,改变它的目的和意图,马克思主义就不成其为马克思主义。

从实践上看也是如此。马克思恩格斯一生活动的核心,就是为无产阶级的解放而斗争。他们组织第一国际、第二国际指导欧美的建党和工人运动,都是为这个根本目标而积蓄力量。恩格斯在马克思的墓前所作的演说,准确而精辟地概括了这位无产阶级最卓越领袖的光辉一生。他说:马克思"毕生的真正使命,就是以这种或那种方式参加推翻资本主义社会及其所建立的国家设施的事业,参加现代无产阶级的解放事业"。恩格斯讲的是马克思,实际上也包括他自己,包括一切真正的马克思主义者。当代西方的所谓马克思主义派别,不少脱离工人运动、脱离政治斗争,沉迷于把马克思主义和西方某种哲学的结合。严格来说,他们之中的不少人不是马克思主义者而是马克思主义的研究者。非无产阶级的、非政治性的马克思主义,只能是马克思主义的讽刺画。我历来也不同意把《1844年经济学哲学手稿》置于《宣言》之上作为无产阶级奋斗的目标。《宣言》的指导思想是唯物史观,而《1844年经济学哲学手稿》的指导思想是异化理论;《宣言》以共产主义为目标,而《1844年经济学哲学手稿》追求人性的复归。如果不是以《宣言》而是以《1844年经济学哲学手稿》为蓝本来解读马克思主义,其结果必然是把马克思主义人本主义化。

《宣言》是马克思主义的纲领性著作,它以简洁凝练的文字,以纲领的形式,通过对资本主义的经济和阶级关系的分析,论证了两个必然性,指明了无产阶级获得解放的道路。但《宣言》创作于马克思主义刚刚诞生的时期,具有明显的时代特色,它提出的许多策略性措施也具有地域性和时效性。马克思恩格斯完全是以一种创造性的态度对待自己的理论的。他们在1872年的德文版序言中强调,《宣言》的"原理的实际运用,正如《宣言》中所说的,随时随地都要以当时的历史条件为转移,所以第二章末尾提出的那些革命措施根本没有特别的意义"。他们还直言不讳地宣布某些观点过时了,认为"由于最近25年来大工业有了巨大发展而工人阶级的政党组织也跟着发展起来,由于首先有了二月革命的实际经验而后来尤其是有了无产阶级第一次掌握政权达两月之久的巴黎公社的实际经验,所以这个纲领现在有些地方已经过时了"。他们打算根据1847年《宣言》起草以后的经验写个导言补充《宣言》。马克思、恩格斯肯定《宣言》的基本原理正确,同时也承认《宣言》的运用要以当时的历史条件为转移,《宣言》的某些具体措施和结论可能过时并应根据新的经验予以发展。这是马克思恩格斯为我们树立的一种以马克思主义态度对待马克思主义的卓越典范。

《共产党宣言》德文版第一版封面

　　从马克思恩格斯对待《宣言》的态度,我们可以体会到当今一些人鼓吹的马克思主义过时论是错误的。如果把马克思主义看成是答案,是结论,当然有个过时问题。因为随着时间条件的变化,根据当时、当地条件而得出的结论和答案是变化的。任何伟大的马克思主义者,包括马克思恩格斯本人在内,都不可能为他们逝世以后的问题准备现成的答案。当代所有关于马克思主义过时论的论据,都是建立在对马克思主义的错误理解上的。

　　马克思主义是一个创造性的、开放的科学思想体系。从马克思恩格斯创立时的马克思主义体系看,它包括两个不同的部分:一部分是根据当时的实践(包括自然科学和社会科学成就)直接概括的经过验证的理论,如辩证唯物主义和历史唯物主义哲学理论和关于资本主义生产方式的本质和基本矛盾、关于价值和剩余价值的理论。另一部分,尽管包括具有科学性的基本原则,但是没有经过实践检验,属于推测和假设的理论。例如,关于无产阶级如何取得政权、关于夺取政权后采取何种措施尽快提高生产力水平以及社会主义基本特征等理论。马克思恩格斯当时只能从西方资本主义现实出发考虑无产阶级取得政权的方式,只能从与西方现实资本主义对立的角度逻辑地考察社会主义的基本特征。所谓公有制与私有制的对立、计划经济与市场经济的对立、按劳分配与按资分配的对立,讲的是抽象形态中的两种社会形态的对立性。至于在建立现实社会主义过程中,在特定条件下也可能出现亦此亦彼同时并存的局面,不在他们思考之列,因为当时的现实并没有提出这个问题。因此,马克思主义的体系始终是处于发展之中的,而不是封闭的体系。列宁和毛泽东就根据本国特点,各自大大发展了

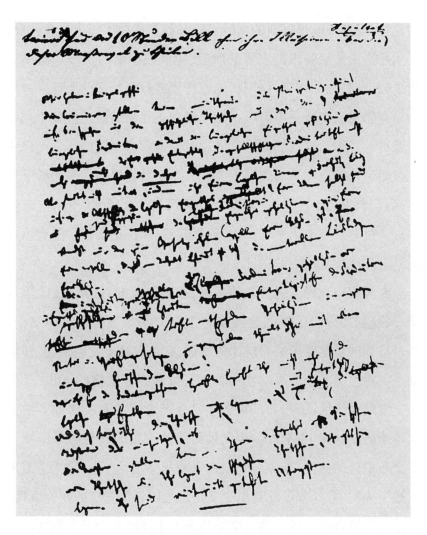

《共产党宣言》手稿第一页

马克思主义。至今,西方发达资本主义国家的马克思主义者仍在
就发达国家如何革命的问题进行探索。而邓小平根据经济文化落
后的中国的实践经验,对什么是社会主义和如何建设社会主义问
题进行了创造性研究,提出了有中国特色社会主义理论,从而把马
克思主义发展到一个新的阶段。马克思主义中凡是经过实践检验

的原理,应该不断根据新的实践经验和科学成就予以丰富和发展,凡属原来未经检验未经实践的原理,应该根据新的实践和新的经验去验证、补充和纠正,即用新的原理代替过时的旧的原理。一部分马克思主义史就是不断创造性发展和运用新的原理代替个别旧的原理的过程。这与马克思主义过时论是截然不同的。马克思主义过时论是针对整个马克思主义说的。就马克思主义作为科学理论而言,它永远不会过时,因为它以实践为源头活水,不断与时俱进。会过时的是个别原理,而个别原理的过时,正是整个马克思主义科学学说永具活力的保证。

在考察马克思主义科学体系时,我们不仅要区分经过检验和未经检验的原理,还要区分马克思主义的基本原理和具体结论。经过检验的基本原理是对规律的把握,它可以被丰富但不会过时,如马克思主义关于世界的物质性和发展的辩证规律的认识,关于历史发展规律的认识,关于资本主义生产方式的本质和资本主义基本矛盾的认识,关于资本主义最终会为更高的社会形态即社会主义所取代的认识,等等。列宁说马克思主义之所以万能是因为它是正确的,毛泽东说马克思主义是放之四海而皆准的普遍真理,都是从普遍规律角度讲的。至于马克思主义经典作家根据特定时间、地点就某个问题作出的结论并不是不可改变的。例如,马克思恩格斯曾指望1848年的德国发生革命,并断言德国革命面临人类解放的前景,可后来德国革命很快遭到失败。事实证明,由于条件变化或其他原因,马克思恩格斯的某些预言和论断失效是不足为怪的。我们应该从马克思主义创立的角度来考察马克思恩格斯的某些论断。马克思恩格斯的时代仍然是资本主义上升时代,可是由于历史赋予他们的使命是为资本主义必然被社会主义所取代进行理论论证,因而他们着重揭示的是革命即将到来的前景,强调资本主义丧钟已经敲响,从而对革命前景过于乐观,对资本主义的潜力和自我调整的可能性缺乏足够的估计。因此,马克思恩格斯当时关于革命前景的考察,明显具有时代和地区性的局限。但这并不损害马克思主义的指导作用和威信,因为正是马克思恩格斯一再强调,他们的理论不是教条,而是观察问题的方法。对马克思主义原理的应用,应该依时间、地点、条件的不同而不同。他们不仅在《宣言》的序言中这样强调,在许多地方都是一再强调这一点。例如,恩格斯在致考茨基的信中曾批评杰维尔关于《资本论》书评的缺点,说:"他把马克思认为只在一定条件下起作用的一些原理解释成绝对的原理。杰维尔忽视了这些条件,因此那些原理本身就成为不正确的了"。毛泽东、邓小平都强调理论联系实际。江泽民在党的十五大报告中,强调要着眼于马克思主义理论的运用,着眼于对实际问题的理论思考,着眼于新的实践和新的发展。所以,马克思主义在本质上就包括如何对待马克思主义的问题。不知道什么是马克思主义,就不知道如何对待马克思主义。反过来,不知道如何正确对待马克思主义,把经典著作中的片言只字、一些具体结论、一些尚未经检验的推理和预测当成永恒不变的原则,也就弄不清什么是马克思主义。

二、是乌托邦,还是科学社会主义学说

自《宣言》发表以来特别是近几十年来,西方的政治家和理论

家们不断对马克思主义关于两个必然性的理论进行攻击。他们指责马克思主义对资本主义的批判性分析是反对工业社会的浪漫主义,指责关于资本主义必然过渡到社会主义的理论是乌托邦。不仅社会科学家们这样说,连研究自然科学哲学的学者如卡尔·波普、拉卡托斯,都在自己的著作中指责马克思主义是乌托邦工程,指责马克思主义关于资本主义必然为社会主义取代的预言失效。国内有的学者也是同样的腔调,宣称马克思主义的共产主义理想是乌托邦。这种种论调是不值一驳的。任何人都能从马克思的著作中看到对大工业、对科学技术发展、对资产阶级的历史进步作用的肯定。例如,在《1844 年经济学哲学手稿》中,马克思就强调工业家战胜封建土地所有者以及工业战胜农业是历史的进步,并批评说"浪漫主义者为此流下的感伤的眼泪是我们所不取的"。马克思主义反对的是资本主义剥削制度而不是资本主义工业本身。至于把建立在唯物史观和剩余价值理论基础上的科学社会主义学说说成是乌托邦,这是已经重复过多少年的陈词滥调。真正值得认真研究的不是论敌的攻击,倒是为什么西方发达资本主义国家没有发生革命,已经革命的苏联东欧社会主义国家夭折了革命,而中国采取以公有制为主体多种所有制经济共同发展的方针,并通过社会主义市场经济的途径来建设有中国特色的社会主义。考察所有这些现实,能够说明马克思主义的社会主义理论、关于两个必然性的理论并未失效。

(一)为什么西方没有实现两个必然性?

西方发达资本主义国家的相对稳定和经济成就,是西方一些理论家否定马克思主义关于两个必然性理论的主要依据。他们说,被马克思恩格斯宣判死刑的西方资本主义世界并没有敲响丧钟,相反仍然在发展,社会主义革命首先发生在落后的东方国家而不是马克思恩格斯预期的首先发生在西欧发达资本主义国家。可是他们中没有人敢于断言,没有发生革命等于永远不革命。除了少数人如美国学者弗朗西斯·福山鼓吹资本主义永恒论外,没有人敢于打包票。在资本主义金融危机和制度危机面前,福山不得不改换说法。事实上,革命发生与否,资本主义世界首先从哪里突破,这取决于革命的主客观条件,而资本主义是否会被社会主义所取代,这取决于资本主义社会固有的基本矛盾。革命的形势是变化的,因此马克思恩格斯关于革命爆发的国家和地区的可能性判断是变化的,但这并不影响马克思主义关于社会主义终究取代资本主义的规律性论断的科学性。在《宣言》以及其他著作,尤其是《资本论》《反杜林论》等著作中,马克思恩格斯着力揭示资本主义社会的生产的社会性和资本主义私人占有之间的矛盾,以及由此产生并决定的无产阶级与资产阶级的矛盾,指出这种矛盾的激化必然导致资本主义社会的变革。在 1859 年的《〈政治经济学批判〉序言》中,马克思补充了一句关键性的话:"无论哪一个社会形态,在它所能容纳的全部生产力发挥出来以前,是决不会灭亡的"。这样,马克思关于两个必然性的论断更为科学和全面。

不可否认,西方发达资本主义国家在 20 世纪特别是二战结束以后的半个世纪中,在科技革命和经济发展方面取得了很大成就,但资本主义社会仍然是资本主义社会,它的基本矛盾仍然存在。美国学者 R.L.海尔布隆纳在《马克思主义:赞成和反对》一书中说："我对马克思关于资本主义是什么的分析所持的态度要肯定得多……这个从简单商品开始的对资本主义的分析，我认为是我们所见过的最值得注意和最发人深省的敏锐思维之一"，"只要资本主义存在着，我就不相信我们能在任何时候宣布他关于资本主义内在本性的分析有任何错误"。事实的确如此。当代西方发达资本主义国家不断调整所有制结构以适应和容纳生产力的发展，例如以个人和家族形式存在的私有制变为在更大规模上以股份制形式存在的社会资本，但资本主义社会的社会资本不同于社会主义的公有制，它是资本主义社会的社会资本。股份制并没有改变资本主义所有制的性质而是改变了它的存在和运行方式。因此在现代资本主义大企业、大垄断集团、跨国公司中，资本主义生产方式固有的基本矛盾和阶级关系仍然存在，只是它有更大的容纳力和自我调整力量。当代发达资本主义社会面临两种困境：一种是生活困境，一种是生存困境。就无产者和资产者的关系而言，当代资本主义仍然存在贫困和失业，而且即便是就业工人也仍然存在相对贫困问题。当代资本主义社会还出现了早期资本主义没有的新的困境，这就是人的生存困境。当代全球问题最重要的根源和突出表现是在发达资本主义国家，道德观念和价值观念的混乱，过度消费和人与人之间关系的冷漠，也是触目惊心的。资本主义社会的确是以往社会中发展最快成就最为显著的社会，同时却又是最冷酷最令人憎恶的社会。摩天大楼与无家可归者同时并存，新药的出现和各种社会疾病齐头并进。有识之士和进步学者都看到了这种社会中存在的弊端和痼疾。爱因斯坦在《为什么需要社会主义?》一文中以一个科学家的良知历数了资本主义私有经济的各种弊病后说:"我认为,摧残人是资本主义的最大罪恶。我们的教育制度深受其害","我相信只有一种办法可以消灭这种邪恶的灾祸,那就是建立社会主义经济"。在西方发达资本主义国家,各种社会主义派别的出现,各种抨击资本主义弊病的书籍的流行,都说明人们对现存的资本主义制度怀着不满,在探求更好更合理的制度。这种最合理的制度只能是社会主义。资本主义社会的社会资本的出现,指出了一条解决矛盾的线索,即不能停留在资本主义的社会资本的范围内,而要真正转变为以全体人民为主体的社会的"社会资本"即社会主义公有制。这让我们想起当年恩格斯从资本主义邮政和铁路国有化中所看到的象征意义和途径。

(二)为什么已经实现两个必然性的苏东会发生逆转?

在 20 世纪的一头一尾,两件震撼世界的大事都与俄国密不可分。一是十月革命,红旗升起,一是苏联解体,红旗落地。前者使西方惊恐,后者使其额首称庆。苏东剧变更激发了某些政治家和理论家们对马克思主义的攻击。他们把苏东剧变看成是马克思主义的科学社会主义理论的失败,耸人听闻地宣称马克思主义正在死亡,鼓吹苏东剧变是历史的进步,如此等等。

十月革命决不是少数革命家们的阴谋。马克思恩格斯关于两个必然性的论断首先在经济落后的俄国得到实现,是由第一次世界大战后的态势决定的。资本主义世界的链条必然是在矛盾最集中、最脆弱的环节突破的。十月革命是列宁把马克思主义与俄国实际相结合,在俄国统治者不能照旧统治、人民不愿照旧生活下去的条件下发动的。十月革命的必然性存在于当时的历史条件和布尔什维克领导的群众革命活动之中。苏联社会主义的失败并没有使十月革命成为多余的。巴黎公社的存在只有72天,但正如马克思恩格斯所说的,巴黎公社的原则是永存的。十月革命成果的存在差不多有72年,它的历史意义更是不可估量的。十月革命开辟了人类历史的新纪元,从此世界从整体上看已经进入了由资本主义向社会主义过渡的时代;十月革命创造了一个强大的苏联,从而大大增强了挫败德国法西斯统治世界的野心;特别重要的是十月革命的胜利鼓舞了世界上被压迫民族和被压迫人民的革命的信心和决心并提供了有益的经验。在近百年世界历史上,像十月革命这样影响整个人类历史进程的历史事件是罕见的。

十月革命的必然性并不能保证它的成果的永恒性,不能保证不会发生逆转。夺取政权和巩固政权是不同的。无产阶级取得政权以后面临如何建设、如何治国的问题。斯大林在帝国主义列强的包围下,为了迅速发展经济采取了高度集中的计划经济体制,实行工业化和农业集体化,在当时是必要的、有成效的。苏联在斯大林逝世后进行改革,纠正斯大林时期的某些过左的、错误的政策,改变过于集中的计划体制,也是必要的。问题是在苏联全盘否定斯大林以后,继续沿着否定列宁、否定马克思主义、否定社会主义基本制度的斜坡一直往下滑,最后宣布共产党自行解散,宣布取消马克思主义的指导。这种结果是众所周知的。事情很清楚,斯大林时期形成的体制后来被凝固化为一种僵化体制只是蕴含着失败的可能性,而其后的错误路线和政策才使本来可纠正的错误变成无可挽回的失败。任何一个有理论良心的人都能看到,苏东的失败不是马克思主义的失败,而是背弃马克思主义的失败,不是科学社会主义的失败,而是人道的、民主主义的社会主义的失败。

在历史上,一种新的生产方式代替旧的生产方式往往要经历反复曲折的过程。苏联和东欧原有的社会主义国家的失败决不是社会主义的灭亡。因为这只是一个国家或一个地区的失败,而社会主义是世界性的事业,是人类历史发展中的一个阶段。何况,失败和挫折对于整个社会主义事业的顺利发展会带来积极有益的教训和经验。关于这一点,邓小平在南方谈话中做过令人鼓舞的有远见的论断:"从一定意义上说,某种暂时复辟也是难以完全避免的规律性现象。一些国家出现严重曲折,社会主义好像被削弱了,但人民经受锻炼,从中吸收教训,将促使社会主义向着更加健康的方向发展。因此,不要惊慌失措,不要认为马克思主义就消失了,没用了,失败了。哪有这回事!"

(三)两个必然性在中国如何实现?

在中国,两个必然性的理论已经实现并正在继续实现,但它是以中国的方式实现的,具有中国的特色。在当代中国,中国特色社会主义理论是马克思主义发展的新阶段,它与马克思列宁主义、毛泽东思想是一脉相承的。我们从中国实现两个必然性的实践过程可以非常清晰地观察到这一点。

中国革命不是像马克思恩格斯当年设想的在发达资本主义条件下开始的革命,而是在经济政治落后的半封建半殖民地的东方大国开始的革命。以毛泽东为代表的中国马克思主义者,坚持马克思恩格斯确立的共产主义理想,采取与中国实际相符合的路线和方针来实现"两个必然性"。毛泽东把中国革命分成两步走,并首先通过采取工农武装割据,用农村包围城市的战略路线,取得了民主革命的伟大胜利。民主革命的胜利只是两个必然性实现的前半段,用毛泽东的话说是万里长征走完了第一步。更艰难的是巩固政权和建设社会主义。毛泽东反对那种主张先发展资本主义、等资本主义充分发展以后再进行革命的错误思想,他的新民主主义论可以说是马克思恩格斯社会革命理论在中国的创造性发展。中国革命终于取得了胜利并在一段时期内大大推进了生产力的发展。但在很长一段时期,以阶级斗争为纲的错误指导思想大大延缓并阻碍了中国生产力的发展,破坏了中国社会的稳定和凝聚力。

邓小平关于社会主义本质的理论,把解放生产力和发展生产力放在首位,初步确立了什么是社会主义和如何建立社会主义的科学理论,为在中国完全实现两个必然性并为将来实现共产主义的伟大理想开辟了一条正确的道路。

每种社会形态必然伴随有它的生产方式的特点。在资本主义社会,农业必然工业化,成为现代化的农业。这是资本主义这种社会形态对人类社会的贡献。但是工业化不等于资本主义化,不等于后工业化的国家必须走全盘西化的道路。马克思曾说过,工业化的国家显示着非工业化国家的未来。这说明,工业化并不是资本主义特有的,由农业社会走向工业化是人类发展的普遍必经过程,只是西方比东方早一步走向工业化,而且是以资本主义的社会形态实现这个历史使命的。但后工业化国家并不是注定要走西方的道路,如中国就是以社会主义社会形态实现由农业社会向工业社会过渡的。实际上,工业化、市场经济、民主法治、科学都应该是以工业为基础的社会的特点。社会主义同样要实行工业化,没有大工业的基础是不可能建设社会主义的。同样,社会主义需要实行市场经济,这是社会化大生产的经济运行的客观要求。工业化不等于西化,可西方资本主义先走了一步,它的成就与缺点、经验与教训,可以从正反两方面为我们提供有益的东西。资本主义与社会主义终究是前后相继的两种社会形态,不能只看到它们的对立而忘记它们由大生产所产生的某些共同性。在资本主义高度发展基础上产生的社会主义应该吸取和改造资本主义的已有成就,没有经过资本主义阶段的社会主义国家,更应该注意吸收资本主义的成就。这既包括由社会化大生产决定的具有普遍意义的东西,也包括为资本主义社会所特有但经过改造可以借用的东西。恩格斯说过,没有奴隶制就没有社会主义,这个道理应用到彼此连接的社会主义与资本主义两种社会形态的关系上更是不言而喻的。邓小平所谓"要害是姓'社'还是姓'资'的问题"的论断,其重要理论价值正在于要我们解放思想,不要把头脑拴在社会主义与资本主义绝对对立的思维框架之中;我们决不能把它曲解为可以抹杀社会主义和资本主义的本质区别的普遍指导原则。邓小平的论断与马克思指出的要跨越资本主义的"卡夫丁峡谷"就必须吸收资本主义的积极成果的意义是一样的。要超过资本主义必须利用资本主义,这就是辩证法。

在无产阶级取得政权以后,特别是经过一段时期以后,如何处理社会主义社会的矛盾问题,成为社会主义事业成败的关键。马克思恩格斯肯定社会主义是变化着的需要改革的社会,但他们没有社会主义实践,不可能具体论述这个问题。斯大林不承认社会主义有矛盾,最后他的后继者们把社会主义存在的矛盾当成社会主义没有生命力而加以抛弃。毛泽东思想的巨大贡献之一是关于社会主义社会基本矛盾的学说。尽管毛泽东本人在实践上没能完全正确处理社会主义社会的矛盾,但这个学说本身为社会主义制度的改革和自我完善,为坚持社会主义方向同时又改革其凝固的体制规定了可能性和界限。邓小平继承和发展了毛泽东关于社会主义基本矛盾的理论。毛泽东注重调整生产关系以及不断扩大公有制,而邓小平着重发展生产力,强调应以是否有利于生产力的发展来调整所有制结构,主张以公有制为主体多种所有制经济共同发展;毛泽东在上层建筑领域中注重意识形态斗争,而邓小平把重点放在科教兴国和精神文明建设上。尤其重要的是,邓小平把社会主义生产力和生产关系的矛盾放在市场经济条件下来调节,从而为社会主义经济注入了生机和活力。

习近平新时代中国特色社会主义思想紧紧抓住我国社会主要矛盾已经转化为人民日益增长的美好生活的需要和不平衡不充分的发展之间的矛盾,强调我国主要矛盾的变化是关系全局的历史性变化,并以主要矛盾的变化为依据,提出中国特色社会主义进入新时代,我国发展处于新的历史方位的论断,规划了如何迎接强起来的一系列重要举措。

时代在发展,社会在前进。170年来,形形色色反对《宣言》的人物和理论不断出现,但都成为历史的残渣陈迹,唯有马克思恩格斯以及《宣言》仍然光芒四射,继续指引人类朝着美好的未来前进。

第四讲　马克思主义的生命力

马克思主义是对全部人类优秀文化遗产的继承。但其中最重要的是德国古典哲学、英国古典政治经济学和法国三大空想社会主义学说。因此,列宁在肯定马克思主义是对人类全部优秀文化遗产批判继承的前提下,特别强调西欧 19 世纪社会理论成就的重大意义。黑格尔和费尔巴哈的哲学,在马克思主义理论的产生中起了重要作用。但马克思和恩格斯不是原封不动地搬用黑格尔的辩证法,他们吸收了黑格尔辩证法中的合理因素,例如关于运动、发展、变化的观念,关于对立统一、量变质变、否定之否定的观念,关于逻辑和历史统一的观念,关于历史发展的必然性的观念,等等,但彻底批判了黑格尔把绝对观念作为运动的主体,把运动和运动着的特质割裂开来的唯心主义观点。对待费尔巴哈也是这样,他们高度评价费尔巴哈反对思辨唯心主义、反对宗教的斗争,吸收了费尔巴哈关于存在是主词、思维是宾词的观念,关于人的客观实在性、关于人与自然统一的观念,等等,但彻底摒弃了费尔巴哈的抽象人本主义和自然主义,清除了费尔巴哈理论中的唯心义和形而上学杂质。

一、马克思主义哲学的特征及其适用性

马克思和恩格斯重视英国古典政治经济学的成就。他们深入地研究经济思想史,特别是英国古典政治经济学的发展史,研究英国古典经济学派的著作。马克思在《巴黎笔记》和《伦敦笔记》中,就保留有大量的政治经济学的读书摘要和评注。马克思和恩格斯批判地吸取了英国古典政治经济学价值理论中的合理思想,例如关于劳动是价值唯一源泉的观点,关于劳动一般的抽象,关于价值区分使用价值和交换价值的观点,以及他们在对工资、利润、地租分析中对剩余价值来源的某些有价值的探索,等等,但摒弃了他们把资本主义剥削看成符合人性的、永恒不变的制度,把资本主义经济规律看成自然规律的唯心主义和形而上学的观点,并清除了他们的价值理论中的矛盾和混乱,严密地论证并彻底发展了英国古典经济学派的劳动价值论,创立了剩余价值学说。

　　马克思和恩格斯虽然对空想社会主义学说抱批判态度,但并没有忽视三大空想社会主义的理论成就。恩格斯明确指出:"德国的理论上的社会主义永远不会忘记,它是依靠圣西门、傅立叶和欧文这三位思想家而确立起来的。"早在 1842 年 10 月主编《莱茵报》时期,马克思就开始了对社会主义问题的研究。恩格斯 1842 年到曼彻斯特之后广泛研究了社会主义问题,他在 1843 年 11 月写的《大陆上社会改革运动的进展》中对圣西门、傅立叶、欧文的评述就是这种研究的总结。马克思和恩格斯批判三大空想社会主义者关于理性支配世界,否认阶级斗争,拒绝暴力革命的唯心主义历史观,反对他们各种关于移民区的空想实验,反对他们详细描绘和规划未来社会细节的做法,但吸取了他们对资本主义社会弊病抨击和未来社会设想中的合理因素,例如关于消灭旧的分工,消灭城乡、工农、脑力劳动和体力劳动的差别,关于教育与生产劳动的早期结合,关于国家消亡等思想。

　　在马克思主义和人类文化遗产的关系问题上,我们必须反对两种倾向:一种是否认继承,把马克思主义同人类文化遗产对立起来,例如俄国十月革命后的"无产阶级文化派"就是这样。他们把无产阶级文化看成与人类文化无关的一种特殊文化。这完全是一种臆造。我国十年动乱初期的所谓"破四旧"也是这一种片面强调批判,抹杀马克思主义同人类文化遗产的继承关系的极左思想。当然,我们也要反对否定批判,片面强调继承。否认马克思主义在人类思想史上的变革地位的错误思想,例如把马克思主义的辩证法说成是黑格尔的辩证法,把马克思主义的唯物主义说成是费尔巴哈的唯物主义,如此等等。人类的认识犹如接力赛跑,后人总是在前人已经取得的成就的基础上前进的。由此可见,时代的需要,人类文化的积累特别是 19 世纪中叶西欧在哲学、政治经济学和社会主义学说已经达到的高度,都使马克思主义的产生成为一种历史的必然。

我们现在距离马克思和恩格斯生活的年代虽然有一个半多世纪,时代面对的主题发生了变化,但这个变化并没有改变马克思主义肩负的历史使命。历史是大尺度的。我们仍然在以不同方式实践马克思和恩格斯提出的伟大理想。在这个过程中,马克思主义依然是我们的时代的理论旗帜。当代的科学技术的发展、当代的社会实践,没有也不可能有任何证据,来推翻马克思主义根本性的原理。

我们强调马克思主义的适用性,但并不否认马克思和恩格斯的某个具体论断可能过时。但要把它和"马克思主义过时论"区分开来。

马克思主义过时论是针对整个马克思主义科学体系的,是一种反对马克思主义的错误理论;至于马克思和恩格斯文本中的某些论断的过时问题,这完全可能。马克思和恩格斯自己从不讳言这一点,相反,着力强调自己的某个论断因为客观情况变化而过时。例如,马克思恩格斯在《共产党宣言》1872 年德文版序言中,明确指出,由于最近 25 年来大工业有了巨大发展而工人阶级政党组织也跟着发展起来,由于首先有了二月革命的实际经验而后来尤其是有了无产阶级第一次掌握政权达两月之久的巴黎公社的实际经验,"所以这个纲领现在有些地方已经过时了"。在讲到《共产党宣言》中关于对待各反对党的态度时也说,"虽然在原则上今天还是正确的,但是就其实际运用来说今天毕竟已经过时,因为政治形势已经完全改变"。他们也承认自己有过预测的失算,例如恩格斯说他在19世纪40年代,曾根据1825年至1842年间的事变进程,预言资本主义工业大危机的周期为五年,"但是1842年至1868年的工业历史证明,实际周期是十年,中间危机只具有次要的性质,而且1842年以后趋消失。从1868年起情况又改变了"。

至于恩格斯逝世前在关于马克思的《1848年至1850年的法兰西阶级斗争》一书的著名"导言"中的自我批评,非常坦率,非常诚恳。马克思和恩格斯宣称自己的某个论断过时,预测失效,甚至某些论断存在错误,这种自我审视、自我批判的精神,充分表现了马克思主义创始人实事求是的科学精神和与时俱进的理论风格。理论的发展也是辩证的,可以说相反相成。正因为敢于宣布自己的某个论断过时和错误,从而在总体上保证了这个理论体系的科学性。宣布永远不包含任何错误或失误的理论,不是科学而是神学。

马克思主义过时论不同,它不是针对马克思和恩格斯的某个论断,而是针对整个马克思主义科学体系,宣布马克思主义已经过时。他们认为马克思主义的各种理论都打着维多利亚时代资本主义的烙印,认为马克思主义是第二次浪潮即工业革命时期的产物,现在是信息社会,是后工业社会,现在再使用马克思主义,像在电子显微镜时代还使旧式的放大镜一样。这种种说法,都是从根本上反对和取消马克思主义。我们要承认马克思和恩格斯文本中某个论断或预测的过时的可能性,但要坚决批判"马克思主义过时"论。

人文社会科学方面的知识不同于生产工具和生产技术。生产工具和技术属于工具性的。人类有了新的生产工具可以不再需要旧的过时的生产工具,有了新的更先进的技术可以取代旧有的生产效率低的技术。可人文社会科学知识不同,它只要是具有真理性或能给人类的智慧以启迪都具有存在的价值。人文社会知识是积累性的而不是取代性的。这就是为什么,中国传统文化例如儒家的创始人孔子,距离现在已经两千多年,可我们仍然可以从他的思想中汲取重要智慧和教导。

判断一种思想和学说的价值不能抽象地以时间长短来衡量,而是要以它的真理性和现实价值来衡量。马克思主义的产生是人类思想史上的一次革命性的变革,它在哲学、经济学和社会主义思想方面的贡献是无与伦比的。马克思主义产生虽然已经产生170年,但由于它是对世界、对历史、对资本主义经济运动规律性认识,因而具有永久的历史的和当代的价值。

二、马克思主义哲学的本质

马克思主义是严整的科学体系。它的核心社会理念,是无产阶级解放和人类解放;它的核心理论,是对这个社会理念的具有严密性和完整性的科学论证。马克思主义的社会理想不是基于道德原则,也不是基于信仰的宗教千年王国,而是由一系列基本原理的科学论证作为理论支撑的。马克思主义是由马克思和恩格斯创立,由他们的各国后继者继承、发展和实践的,以追求通过不同方式改变以私有制为基础的资本主义社会,最终达到无产阶级和人类解放、达到人的自由全面发展的学说。

"马克思主义"不只是一种学说的名称,而且是一种学说的本质。它不是任何乐意使用的学者、学说或学派都可以使用的。凡是反对马克思主义社会理想,即不主张以无产阶级和人类解放为最终目标,不主张以社会主义社会取代资本主义社会的理论不是马克思主义;同样,凡是摒弃马克思主义基本原理,甚至以各种方式反对马克思主义基本原理的人也不可能是马克思主义者。它可以称为任何别的什么主义,就是不能称为马克思主义,因为它与马克思主义的核心社会理念和基本原理是相背离的。

马克思主义有其确定的本质。这种观点的最大障碍是唯心主义的哲学解释学。如果把马克思主义本质问题放在这种解释学视域范围内来研究,必然是多元的。因为它强调解释者的政治倾向、历史条件、时代背景以及个人的学养对确定马克思主义本质的决定意义,而否定马克思主义文本自身所蕴含的客观价值。按照这种观点,世界上根本不存在马克思主义,存在的只是对马克思主义的不同解释,任何一种解释都不能代表真正的马克思主义。在马克思死后发展起来的种种对马克思主义的解释中,究竟哪一种最接近他的原意?是斯大林主义吗,是列宁主义吗,还是西方马克思主义?都不是。究竟什么是马克思主义,如何寻找真正的马克思主义,变成了一个马克思主义理论的难题。

"一切划时代的体系的真正的内容都是由于产生这些体系的那个时期的需要而形成起来的。所有这些体系都是以本国过去的整个发展为基础的,是以阶级关系的历史形式及其政治的、道德的、哲学的以及其他的后果为基础的。"马克思主义作为一种思想

Zur Kritik

der

Politischen Oekonomie

von

Karl Marx.

Erstes Heft.

Berlin.
Verlag von Franz Duncker.
W. Besser's Verlagsbuchhandlung.

1859.

《政治经济学批判》第一分册,1859 年柏林版体系同样如此。它不仅是一种文本，而且是一种实践，是一种运动。它的本质不仅表现在似乎可以任人解读的以语言为载体的文本中，而且表现在马克思和恩格斯的全部实践活动中。马克思和恩格斯的著作不是可以任意解读的文本，它是与他们所处的历史条件和时代提出的问题，与他们的全部政治活动、学术活动和无产阶级政治活动不可分离的理论结晶。马克思主义之所以成为马克思主义，与它的时代的、阶级的和文化的背景存在着因果制约性。如果离开资本主义社会的现实矛盾和时代问题，离开马克思和恩格斯理论产生的思想土壤，离开他们毕生为之奋斗的事业，离开他们全部政治和学术活动，就不可能正确理解马克思主义的本质。

当恩格斯说，马克思首先是一个革命者，用各种方法推翻资本主义是他毕生的事业时，就已经从根本上规定了正确理解马克思主义本质的最主要之点。

凡属马克思主义学派的首要条件，应该是立足实践、面对问题，运用马克思主义基本原理解决自己时代面对的问题和以不同方式为实现马克思主义的社会理想而奋斗。把判断真假马克思主义放在对文本的解读上，而不是放在如何实现马克思主义的社会理想上，放在运用马克思主义基本原理解决自己时代面对的新问题上，放在实践上，只能陷于永无结论的烦琐争论。

马克思主义的本质是确定的，这并不意味着某一个国家或政党是唯一的马克思主义学派。马克思主义没有"世袭权"，也没有自奉为唯一正确的"解释权"或"唯一模式"。当年苏联曾经垄断马克思主义的"世袭权"和"解释权"，结果由于教条主义和后来对社会主义事业的背叛，失去了这种所谓"世袭"和"解释"的绝对权威。

事实证明,只有真正坚持马克思主义基本原理与本国实际相结合,才有资格称为马克思主义者。当我现在读到苏联原来红极一时的一些马克思主义权威们的文章,读到当代世界有些自称为马克思主义革新者们的著作,从他们以某一文本中的某段某句为依据来否定马克思主义基本原理,深感西方哲学解释论与马克思主义的实践论南辕北辙,无法在"谁是真正马克思主义者"的问题上取得一致的看法。那些以解释学为据自称的马克思主义,往往不是"龙种"而是"跳蚤"。

马克思主义肯定在不同国家和地区都有众多的拥护者、实践者并在实践中形成各具特色的马克思主义。苏东剧变后,多次世界性的马克思主义会议和世界性的共产党与工人党会议证明了这一点。但也不能把马克思主义泛化。现在理论界常说的苏联马克思主义、东欧马克思主义、南斯拉夫马克思主义、西方马克思主义或者其他各种名称的马克思主义,都还只能是个称谓,而不是实质。马克思主义的本质不是按地区、按国别划分的,而是按它是否真正属于马克思主义学派来划分的。我们应该明白,所有按地区和国别称谓的马克思主义中,具体人物的情况不尽相同。其中有马克思主义者,有对马克思主义的某一方面或某一问题做出贡献的学者,但也有以马克思主义自诩而实际上背离马克思主义的学者。毫无疑问,马克思主义的队伍需要壮大,对马克思主义表示好感和同情的左派学者日益增多,意味着马克思主义的理论影响的扩大。我们非常乐意读到西方一些学者对马克思的赞扬。我们应该充分注意其他国家和地区的工人运动和左派学者对马克思主义的贡献,吸收他们有价值的思想,但不管马克思主义的发展如何呈现多样化趋势,都不能鼓吹马克思主义本质的多元论。抽象地倡导马克思主义发展的一体多元,很容易混淆马克思主义与非马克思主义甚至反马克思主义的理论界限。

马克思主义发展的方式不是解释学的而是实践的。马克思主义的发展,从根本上说是在实践中发展。在各国革命实践中、在社会主义建设实践中,真正坚持以马克思主义为思想指导的政党都可以在不同方面推进马克思主义,使马克思主义具有时代和民族的特色。当然,理论研究也是推进马克思主义的一种方式。除了与实践结为一体的理论研究外,即使没有直接参与革命实践,但着力从马克思主义立场、观点和方法进行纯学术的研究,也可能从某一方面对马克思主义的发展和运用做出自己的贡献。马克思主义需要实践型的理论家,也需要学者型的专家。但这种学者型的马克思主义者,同样应该具有马克思主义的批判和革命精神,以自己的研究成果直接或间接服务于马克思主义伟大社会理想和实践。

马克思和恩格斯的思想具有历史价值,19 世纪中叶创立的马克思主义学说,是人类历史上的伟大变革,是思想天空出现的最耀眼的理论智慧之星。但马克思和恩格斯思想中构成马克思主义基本原理的东西,不仅具有历史价值,同样具有当代价值。马克思主义的当代价值不是语录式的价值,不是寻章摘句、咬文嚼字或对号入座。原则不是出发点。马克思主义的当代价值,突出地表现为作为观察当代问题和解决当代问题的立场、观点和方法的价值。

马克思主义基本原理当代性问题是讨论最多的问题。这个问题的本质是马克思主义基本原理是否会过时或已经过时的问题。

时代会变化,会出现新特征,会出现新的问题,这不是马克思主义原理过时的原因,而是马克思主义需要与时俱进不断发展的实践根据。只要马克思主义能继续为观察和解决新的问题提供科学的基本理论和方法,它就不会过时,就没有过时。马克思主义不可战胜的力量不在于它包含所有问题的现成答案,而在于它提供的寻找答案的基本理论和方法。

马克思和恩格斯的文本具有时代特性,它的写作年代就是它的时间限定,但它的基本原理与文本不同,基本原理包含有超越文本时间限定的普遍性。它的基本原理与著作出版的时间可以是分离的。可以说,任何一本马克思主义经典著作,如果其中阐述的理论不能超出它的出版时间,就没有任何学术价值。超出的时间愈长,学术价值愈大。

当代世界,虽然发展中国家正在崛起,但仍然是以发达资本主义国家占强势的经济全球化的时代。和早期资本主义社会相比,当代资本主义当然具有新的特点。但当代经济全球化趋势和资本主义社会的内在矛盾,充分显示了马克思和恩格斯的理论观察力。资本主义全球化的扩张,是《共产党宣言》中已经预见的历史进程。资本主义社会并没有因为全球化而改变它的本性和矛盾。国内两极化的加剧和富国与穷国矛盾的加剧,资本主义危机,包括政治危机、经济危机和当前正在影响世界的资本主义金融危机,正是最强大的资本主义国家——美国内部社会生产社会性与资本主义私人占有之间矛盾激化的外在表现。资本主义矛盾和危机没有因科学技术迅速发展而消失,证明马克思关于资本主义分析的科学性。马克思《资本论》的手稿和成书是在 19 世纪中叶以后,长达

Das Kapital.

Kritik der politischen Oekonomie.

Von

Karl Marx.

Erster Band.

Buch I: Der Produktionsprocess des Kapitals.

Dritte vermehrte Auflage.

Das Recht der Uebersetzung wird vorbehalten.

Hamburg

Verlag von Otto Meissner.

1883.

《资本论》第一卷

40年,但书中所揭示的资本主义社会的基本矛盾、资本运行的规律至今仍然是我们考察和理解当代资本主义新特征的钥匙。在当代,只有马克思主义提供的理论和方法,才能超越把美国次贷危机引发的世界金融危机仅仅归结为某些高管个人的失误而深入"原发病灶"——资本主义制度的本性。在中国,我们正在建设中国特色社会主义。中国特色社会主义理论的产生和形成,同样是马克思主义当代价值的充分证明。只要认真学习邓小平理论、学习"三个代表"重要思想、科学发展观、习近平新时代中国特色社会主义思想,我们就能发现,中国特色社会主义是对马克思主义的世界观和方法论,对马克思主义关于社会基本矛盾、关于生产力最终决定作用、关于人民群众是历史创造者等一系列基本原理的创造性运用和发展。如果我们从解放思想、实事求是、与时俱进的思想路线中,从以改革开放推动社会主义基本矛盾的解决中,从"三个代表"重要思想、科学发展观中,看不到其中的马克思主义世界观和方法论,看不到马克思主义一系列基本原理的创造性运用,就不能真正理解中国特色社会主义理论的马克思主义本质。

全部人类思想史表明,任何对人类思想做出贡献的思想,在人类文明史上具有永存的价值。至今人们仍在阅读《论语》《道德经》《庄子》,阅读柏拉图、亚里士多德、康德、黑格尔。在物质生产领域,人们可以抛弃旧的生产工具,可以以拖拉机彻底代替耕牛,以火车代替牛车;但在思想领域,人类不会抛弃已经获得的精神成果,何况是马克思和恩格斯创立的马克思主义。不用说我们当代,即使多少世纪以后世界上资本主义已不再存在,马克思主义的全人类解放的社会理想成为现实,马克思主义作为精神财富仍然是人类最宝贵的文化积累,是人类发展史上永远不可能磨灭的光辉篇章,马克思主义以其真理性和文化内涵的丰富性深深融入人类的思想文化之中。

福山宣扬资本主义社会是历史的终结,但历史并没有终结,也不可能终结。苏联解体和东欧社会主义国家的蜕变,被一些西方学者视为马克思主义的死亡。但历史证明,马克思主义仍然具有最强的生命力。无论我们观察当今处于经济全球化下的世界,还是继续高举中国特色社会主义旗帜,都应该坚持马克思主义基本原理与当代实际相结合的原则。迄今为止,没有任何事实能驳倒马克思主义基本原理。在世界上,预言一再破产、声名狼藉的不是马克思主义,而是马克思主义的顽固反对者以及马克思主义阵营中一些对马克思主义教条主义的理解者。立足实践,面对时代的马克思主义,永远具有当代价值,与新世纪同行。

三、马克思主义哲学的生命力

历史和哲学确实可称为人类智慧的双眸。哲学给人以思想智慧,历史给人以实践经验。理论、现实、历史三者的结合,是我们理论工作者树立自尊、自信、自强的正确道路。一种学说的生命力取决于三个因素:一是是否有社会需要,这种需要,不仅是它产生的社会原因,还是它能继续存在和发展的社会原因;二是是否包含真理性因素,具有超越自己时代的价值,经得起历史的考验;三是有无实现这种学说的力量和传人。我从这三方面来分析马克思主义的生命力。

　　首先,马克思主义的产生有其深刻的社会原因和社会需要。马克思和恩格斯创立马克思主义,就是为了适应 19 世纪 40 年代无产阶级开始登上政治舞台的需要。无产阶级需要一种科学理论来指导自己实现历史使命。当时存在的各种社会学说,包括 19 世纪三大空想社会主义学说都不可能承担起这个任务。因此,必须创造一种新的学说来满足无产阶级革命需要。马克思和恩格斯非常清楚这种社会需要。恩格斯在 1845 年 1 月 20 日致马克思的信中说:"目前需要我们做的,就是写出几本较大的著作,以便给许许多多非常愿意干但自己又干不好的一知半解的人以一个必要的支点。你的政治经济学著作,还是尽快把它写完吧。即使你自己还感到有许多不满意的地方。这也没有什么关系,人们的情绪已经成熟了,就要趁热打铁。"马克思发表在《德法年鉴》上给卢格的几封信中也对当时的社会需要讲得很明白。

　　当年毛泽东同志在《反对本本主义》中讲到马克思主义为什么能在中国传播和生根时明确表示,因为中国革命有对马克思主义的需要。那么,产生于 19 世纪的马克思主义,到了 21 世纪还有支撑它存在的社会需要吗? 答案是肯定的。因为马克思主义学说不是对一时、一地、某一事件的判断,而是规律性的判断。马克思和恩格斯提出的资本主义基本矛盾,无产阶级的历史使命,社会主义取代资本主义的历史发展走向,人类走向公平、正义、共同富裕的要求等,在世界范围内仍是一系列有待实现的任务。不仅西方发达国家资本主义有这种需要,社会主义中国同样有这种需要,因为我们正走在建设公平、正义、共同富裕的社会的道路上。我们会遇到人类历史上前所未有的问题,需要马克思主义领航指路。习近平同志把马克思主义视为中国共产党的"看家本领",强调必须牢牢把握马克思主义在意识形态领域的指导地位,巩固全党全国人民团结奋斗的共同思想基础。

其次,马克思主义理论能够满足当今时代对它的社会需要。马克思主义不是"天书""推背图",也不是一经背熟就可以包医百病永恒不变的教条。它是科学的学说。虽然产生于19世纪上半叶,但马克思主义的科学性和真理性,使它能超越产生自身的历史条件。这种超越自己时代的东西不是对某事、某人或某种条件下应该采取的措施的具体判断,而是对规律的揭示。这种具有规律性的判断,对我们来说就是能在实际中应用的基本理论和方法。尽管当代马克思主义"过时论"一再沉渣泛起,但一次次破产;尽管苏联解体、东欧剧变使社会主义遭遇重大挫折,但马克思依然被西方评为"千年思想家"。马克思主义并没有被遗忘,而是在所谓的"挫折"中愈加显现其真理的光辉。

当代世界需要马克思主义提供基本理论和方法。当代世界向何处去?如何认识当代资本主义?如何认识当代社会主义?特别在经济全球化背景下,如何处理当代资本主义尤其是发达资本主义与新兴社会主义之间的关系?如何解决人类面临的生态文明问题、贫富对立问题、公平正义问题?可以说,对这些问题的科学认识和合理解决都离不开马克思主义的指导。英国学者乔纳森·沃尔夫在《当今为什么还要研读马克思》中说:"无论从理论还是从实践方面来看,马克思的影响都是无法估量的,没有至少是对马克思思想的粗线条的评价,我们将根本无法把握当今世界,以及当今思想界的很多方面。光这一点就足以证明应当对马克思的思想予以密切关注。"

最后,马克思主义是人类思想史上最具实践性的学说。不仅马克思主义学说传遍全世界,马克思主义理论的实践者也遍及整个世界。仅就中国而言,中国共产党作为世界上最大的马克思主义政党,有 8900 多万名党员,众多的马克思主义理论工作者分布其中。在当代世界,马克思主义是信仰者和实践者最多的学说。实践者最多,说明它拥有在实践中与时俱进的发展力;信仰者最多,说明它拥有在理论上继续发展和持续传承的创造力。没有一种学说像马克思主义这样,在马克思和恩格斯逝世后出现众多杰出的马克思主义继承者、发展者和实践者。

在当代,尽管国际形势的变化使世界社会主义运动遭遇挫折,但与马克思主义有关的活动在西方经常举行。马克思主义并没有被打倒,也不可能被打倒。在苏联解体、某些西方反马克思主义者得意忘形额手称庆时,邓小平同志就说过:"马克思主义是打不倒的,因为它是真理,它代表了全世界大多数人的利益。"在中国,90多年来马克思主义的不断胜利、60 多年来的社会主义发展成就、40 年的改革开放伟大成就,都证明了马克思主义在当代中国的生命力。

第五讲　未来属于马克思主义

一、马克思主义思想中的
死东西与活东西

　　理论界经常争论马克思主义的当代价值。你们采用的是什么方法,是从马克思主义中区分出哪些仍然有用,哪些已经过时? 哪些仍然应该遵守,哪些应该抛弃? 如果这样思考,方法论就不对头。

　　没有一个伟大思想家的著作中包含的是永恒不变的真理。随着时代的变化,后人都会探讨这些思想家的思想中哪些仍然是有价值的,哪些是过时的。1907 年意大利哲学家克罗齐曾提出过黑格尔哲学中的死的和活的东西的著名论断,表明任何思想家思想中都包含"死的东西和活的东西"。没有任何活的东西,思想家就失去存在的价值;没有死的东西,那就不是思想家而是永恒真理的化身。人类思想发展是思想积累、继承、创造的历史。积累和继承是对活的东西的肯定,而创造就是对死的东西的摒弃。

我认为,这种关于死的东西和活的东西的区分的观点不适用于马克思主义。这并不是说,马克思主义是永恒不变的真理,而是因为马克思从不把自己的学说视为一成不变的教条,更非包医百病的万灵药方。因此,我们不能从马克思和恩格斯的书中挑出其中哪些是永恒不变的真理,是永远活的东西,而哪些已经死了,可以不必研究。活着的,抱住不放;死了的,弃而不用。这种对待马克思主义的态度就是违背马克思主义。

马克思主义本质并不是一系列真理的汇编,而是为我们提供观察分析问题的基本观点和方法。一个创造性的马克思主义者并不期待从马克思和恩格斯的原著作中寻找那些现成的可以不用费劲拿来就可以用的所谓"活的东西",抛弃那些自以为无用的"死的东西"。我们应该从世界观和方法论的高度来看待马克思主义。如果以教条主义态度对待马克思主义,那全部马克思主义都是死的东西;如果以创造性态度对待马克思主义,那马克思主义就都是活的东西。

历史唯物主义的当代价值,讲的就是历史唯物主义作为历史方法论的价值,而不仅仅是某一具体论断的价值。历史唯物主义关于社会历史规律的思想、关于生产方式作为社会存在和发展基础的思想、关于阶级社会中存在阶级和阶级斗争的思想等,都具有方法论价值。可是这些思想并非可以轻易粘贴的标签,在运用时仍然要结合各国的具体实际。当标签用,就是死东西,不管它原本如何正确。当思想方法用,就都是活的东西。马克思主义是一个整体。马克思主义是活的马克思主义,是就马克思主义作为科学体系说的。只有寻章摘句,对号入座,才会说哪些有用,哪些无用,哪些是活的,哪些是死的。

马克思和恩格斯的著作都是在特定的历史条件下写的,都是基于当时时代的判断。正是在这些基于时代的判断中,包含着超越时代的真理性,这就是马克思和恩格斯之所以伟大之处。他们没有脱离时代,但又超越了时代。我只举一个例子,例如生产力发展的无限可能性与地球资源有限性的矛盾,是在 20 世纪下半叶因生态环境恶化才为人类所注意。我们只有一个地球的思想在 20 世纪下半叶才开始成为风行世界的口号。在马克思生活的时代,工业革命刚刚开始,人类为生产力仿佛从地底下涌现而惊愕不已,不可能提出资源有限性的问题。当时人类抱着生产力可以无限发展的乐观主义态度,不会产生地球会被科技毁灭的悲观主义的观点。马克思当时没有也不可能面对这个问题。因此,马克思当时对生产力的论证,重点是放在生产力发展对人类社会发展的作用及其重要性上。但我们能说,马克思关于生产力的理论过时了吗?西方有些学者就是这样看的。他们批评马克思的生产力的乐观主义是错误的、已经过时,实际上是把马克思的生产力理论当成死的东西,予以抛弃。这种看法是错误的。

马克思的生产力理论不是孤立的理论,它是与生产关系理论相结合的生产方式理论的一个方面。谁能由当代生态恶化,由自然对人类的报复而得出结论,说马克思的生产力理论是错误的?任何一个马克思主义理论家都能看到,在当代生产力的发展仍然是社会发展的推动器。生产力的落后意味着社会的落后,生产力发展的停滞意味着社会发展的停滞。在当代,科学技术被誉为第一生产力,正是由它在当代生产力中的地位决定的。生产力决定生产关系的理论仍然是历史唯物主义不可推翻的基石。撼动和抛弃生产力理论就是釜底抽薪,就是从根本上推翻历史唯物主义。

马克思重视生产力发展的重要作用,但没有忽视生产关系对生产力发展的反作用。马克思当时已经注意到,在资本主义登上历史舞台后,人与人的社会矛盾而非人与自然的矛盾处于突出地位。而人与自然矛盾的解决取决于人与人的社会矛盾的解决,因此,马克思在《1844年经济学哲学手稿》中,把私有制的扬弃视为人与人的矛盾、人与自然的矛盾的解决方法。因此,马克思当时是在社会关系范围内考察科技发展的负面效应的。只要读读马克思1856年4月16日在伦敦的著名演说,也就是他在《人民报》创刊纪念会上的那篇学说,我们就知道,马克思从没有说一个社会只要生产力发展一切问题就都可以得到解决;相反,他说由于生产关系的制约,生产力的发展、科技的进步会产生许多不合理的社会现象。马克思当时称之为异化。当然,当时正是资本主义发展时期,马克思不可能预见现在出现的生产力发展与资源有限的矛盾问题、生态严重恶化的问题,甚至地球会不会被毁灭的问题。但是,马克思把人与自然的关系放在人与人的关系范围内来考察,把生产力的发展放在与生产关系相互联系中来考察的原则,具有重要的方法论价值。在当代，谁要不理解对利润的无限追求、对资源的掠夺、千方百计满足不合理的高消费的生活方式对生态造成的危害，就是一点也不懂马克思主义。这不是生产力的罪过，而是制约生产力的生产关系的罪过，是在生产关系中处于主导地位的阶级或集团的罪过。

恩格斯曾讲到自然对人类的报复，讲到人类对自然的每次胜利都受到自然界的惩罚问题。恩格斯设想随着社会主义胜利，自然界对人的报复问题即生态问题，可以随之解决。恩格斯的思路是正确的。但现实情况远非如此。社会主义中国的生态环境恶化并不次于西方资本主义国家，因为我们是后发展国家。当西方处于向外扩张的殖民发展期时，我们处于被剥夺发展权的半殖民地地位；当我们可以发展时，人类生态环境污染已为西方资本主义发展付出了沉重代价。我们是迟到的发展中国家，或被称为处于发展中的国家。我们与西方在生态问题上有共同利益，这就是人类同处于一个地球；可又有矛盾，这就是高度发展的资本主义国家和曾经的殖民地国家发展需要的矛盾。不放在历史唯物主义视野下，看不清楚这些问题。可是社会主义中国从人类命运共同体观点出发，仍然着力于治理生态环境，注意气候变化对人类带来的影响。我们提出既要金山银山又要绿水青山就体现了社会主义生活方式的本质。

我们不可能从马克思和恩格斯的著作中发现地球毁灭的预言和解求之道，但我们可以从他们关于人、自然、社会相互关系的哲学论述中，得到解答历史之谜的方法论原则。马克思主义的基本观点和方法，永远是活的东西。如果采用形而上学的方法，硬要区

Die heilige Familie,

oder

Kritik

der

kritischen Kritik.

———

Gegen Bruno Bauer & Consorten.

———

Von

Friedrich Engels und Karl Marx.

———

Frankfurt a. M.
Literarische Anstalt.
(J. Rütten.)
1845.

马克思和恩格斯合著的《神圣家族》第一版的扉页

分马克思主义中的死的东西和活的东西,肯定会走向马克思主义过时论,即使被认为是活的东西,脱离具体条件,变为抽象真理,同样会由活的东西变成死的东西。其实,一些被认为是过时的论断,只要能理解得出这些论断的条件以及如何得出这些论断的方法,不原封照搬,就同样有用。

不要把马克思主义变为语录,变为由许许多多不同的论断组合起来的百科全书,随时供引用、查证。如果这样看待马克思主义,肯定会发现不能一一对号。所谓死的东西和活的东西的区分,就是由这种思想方法而来。

二、改变马克思主义被边缘化的状况

习近平总书记在哲学社会科学工作座谈会上发表的重要讲话中指出:"实际工作中,在有的领域中马克思主义被边缘化、空泛化、标签化,在一些学科中'失语'、教材中'失踪'、论坛上'失声'。这种状况必须引起我们高度重视。"由于年龄关系,我亲身经历和目睹了新中国成立以来马克思主义在高校课堂中地位变化的全过程。可以说,在这个过程中既有马克思主义坚如磐石、不可动摇、学习热情高涨的情况,也有马克思主义被边缘化的情况,这种变化是我国思想领域中复杂化和多元化的反映。那么,如何认识这种变化?如何改变马克思主义被边缘化的状况?这值得好好研究。

(一)马克思主义被边缘化的问题必须引起高度重视

新中国成立之初我在复旦上大学时,马克思主义政治课是一门重要课程,当时叫社会发展史。后来,我到中国人民大学哲学研究班学习时,四门政治课也是非常有吸引力的课程。在高校中,马克思主义的指导地位,马克思主义教员的地位,马克思主义课程的重要性,很少听说有人怀疑过。原因并不复杂,当时没有产生否定马克思主义思潮的经济土壤、政治土壤、思想土壤,也没有现在这样发达的传播媒介。即使有些人有不同看法,在前30年也没有成为一种公开化的思潮。但近年来却出现这样的情况:在一些地方,有的马克思主义政治理论课教员羞于在人前说自己是政治理论课教员,马克思主义在课堂、论坛、杂志和出版物中被边缘化的现象很严重。有的学者甚至说马克思主义中国化是个错误的命题:马克思主义需要中国化才有用,说明它是错误的,不是普遍真理;反之,马克思主义既然中国化,说明它不再是马克思主义。按照这种观点的逻辑,经典的传统的马克思主义是错误的;而当代中国的马克思主义又不是马克思主义,那么,马克思主义还剩下什么? 什么也不是! 这种看法,根本不懂什么是马克思主义。

马克思主义的科学性恰恰在于它不认为自己是绝对的、普遍的、不需要根据实际情况灵活运用的学说。中国化的马克思主义之所以本质上是马克思主义,而不是别的什么主义,是因为从毛泽东思想到中国特色社会主义理论体系,其基本理论和方法都是严格运用马克思主义的立场、观点和方法,都是马克思主义的基本原理和中国实际的结合。习近平总书记已经看到这种马克思主义"失声""失语""失踪"现象的危险性,他在讲话中多次强调了这一问题,并明确指出这种状况必须引起高度重视。

在我看来,在中国这样的社会主义国家出现马克思主义被边缘化现象,不是偶然的,其原因有大环境方面的,也有小环境方面的。就大环境而言,主要是东欧剧变和苏联解体,世界社会主义革命低潮,西方国家尤其是美国推行思想渗透等等。就小环境而言,主要是改革开放以来,我们经历了深刻的社会变化,其中最重要的有两条:一条是由单一公有制向多种所有制共同发展的转变;另一条是由计划经济向市场经济的转变。这两个变化都是极其重要的变化,没有这两个变化,中国就没有可能成为世界第二大经济实体,也就没有现在这样在国际上举足轻重的地位。可与此相关的是,这种变化在人际关系、意识形态方面也带来一些新问题:所有制多元化必然导致利益的分化,与利益分化相联系的是思想的多元化、价值观念的多元化;由计划经济向市场经济的深刻变化中,市场经济既有解放生产力和发展生产力的积极作用,也会对人际关系和思想意识产生深刻影响。

(二)在经济领域中一定要牢牢地把握两条

有人可能会说:如果由单一公有制转变为多种所有制并存、由计划经济转变为市场经济会带来如此多的问题,那么何必进行改革呢? 这里,有两个原则是不能忽略的:一是多种所有制并存和共同发展,不能动摇公有制的主体地位,要把国有经济做大、做强、做优、做实。如果没有这一条,那么马克思主义的指导地位就会由于失去它强大的经济基础而发生动摇。二是我国的市场经济是社会主义市场经济,"社会主义"这四个字不是空洞的修饰词,而必须是实实在在的。社会主义市场经济是一个整体性的、具有创造性的新概念,它不是社会主义加市场经济,而是不可分割的有机整体。有人说：马克思主义不是在资本主义市场经济条件下产生的吗？对！马克思主义是在资本主义市场经济条件下产生的，但它不是为发展资本主义市场经济、为资本追逐最高利润服务的，而恰恰是为了批判资本主义社会。这里的一个根本区别是，在我们国家搞的是社会主义市场经济。如果单纯搞市场经济，可以不需要马克思主义，只需要各种有利于资源最有效配置和资本最大效益的学科就可以了，因此只需在市场导向下来区分各个学科，那么高校的各门学科的地位就会重新洗牌，文史哲尤其是马克思主义类的学科将会被挤到靠边站的地位。可是，我们的国家是社会主义国家，我们不能单纯搞市场经济，我们民族的发展前途需要马克思主义，因为它是社会主义制度的理论支柱，是中华民族伟大复兴的精神支撑。

市场主体着眼的是利益，是生产物质财富，而社会主义制度关注的不仅是物质财富，更重要的是社会主义制度自身的稳固、国家的安危、人民素质的提升和民族复兴的前途，但是市场经营者是不管这些的。只要观察一下现实生活就知道，市场推销的广告哪一个不是乱花迷人眼？不是在催生人类的无止境的消费欲望和奢侈追求？如果我们的市场经济脱离社会主义本质，马克思主义在中国就没有立足之地。西方有位著名政治家曾对东欧一些所谓改革派说：我不在乎你们是否自称社会主义国家，是否自称是马克思主义者，你们只要接受我的民主化、自由化、市场化的方案就行了。这个西方政治家所谓的民主化，就是多党制，取消共产党的领导；所谓的自由化，就是取消马克思主义的指导地位；所谓的市场化，就是私有化，取消公有制，因为在他看来，公有制与市场经济是不相容的，是垄断的、非竞争的。他的这个方案的实质,就是资本主义复辟。自由、民主、市场经济,都是我们需要的,但前面都有一个前缀词,即应是社会主义的自由、社会主义的民主、社会主义的市场经济。

"社会主义"这四个字是生命线。在我看来,改革开放要不走封闭僵化的老路,要不走改弦易帜的邪路,在经济领域中一定要牢牢地把握两条:一条是公有制的主体地位,一条是市场经济的社会主义本质。有了这两条,共产党的领导、马克思主义的指导,才有坚固的经济基础。在这种条件下,即使产生了马克思主义被边缘化的现象,也容易纠正。

（三）如何认识我们社会中的一些乱象

当前,我们社会中的一些乱象,包括贫富差距、贪污腐败、道德滑坡等等,应该如何解释呢？我认为,这里存在一个更深层的问题,就是"制"与"治"的问题。"制",指的是基本制度;"治",指的是治理。在社会主义初级阶段,我国的基本经济制度是以公有制为主体、多种所有制经济共同发展,我国的基本政治制度是中国共产党领导的多党合作和政治协商制度、民族区域自治制度以及基层群众自治制度。可是在这种制度下,我们治理能力和治理方式如何？是否到位？这些值得深入研究。再好的制度也要由人去执行,制度不会自动起作用。制度的有效性和优越性的发挥,取决于执行者的治理能力和管理能力。这些年来,习近平总书记没少强调国家治理的问题。

当看到有人把腐败以及社会中一些乱象统统归罪于中国共产党,归罪于公有制,归罪于马克思主义指导地位时,我就想起了这个"制"与"治"的问题,想起了柳宗元在《封建论》中反驳一些人否定秦朝确立的中央集权的郡县制,主张回归分封制时说的一句话:"咎在人怨,非郡邑之制失也。"也就是说,秦二世而亡不在"制"而在"治",即秦二世无道,实行暴政,而不在于郡县制。

其实,当前我国社会中一些乱象,从根本上说也不在于我们的基本政治制度和基本经济制度,我们的基本政治制度和基本经济制度是符合中国国情的;而在于我们有些地方和有些方面的治理和管理还不够到位。例如,对市场导致的贫富差距,对市场失灵导致的各种乱象,从一定程度和一定范围来说,我们没有有效的治理方法。管理市场经济需要相应的法律和相应的道德规范。市场必须管,必须治,放任的市场经济,必然导致贫富差距、诚信缺失、道德滑坡。而且由于对现实问题不满,必然也会影响到马克思主义的威信。现在,有些年轻人不相信马克思主义,主要不是因为他们读了马克思主义著作以后有什么新见解,而是由于对某些社会乱象的不满连带引起的反应。

（四）改变马克思主义在一些学科中"失语"、论坛上"失声"的现象

需要强调的是,思想领域也是一样,必须坚持马克思主义在意识形态中的指导地位。如果由于实行市场经济而在思想和教育领域也以经济利益为导向,让经济利益成为我们高校各个专业导向的指挥棒,成为我们思想领域的指挥棒,成为学习动力的指挥棒,成为杂志、出版社的指挥棒,那么在这种弥漫着拜金主义的社会氛围里,马克思主义怎么可能不被边缘化呢?因为马克思主义不是

关于发财致富的科学,而是关于人类解放的科学。因此,必须在对思想意识形态领域依法实行有效管理的同时,切实提高马克思主义理论研究水平和宣传水平,切实提高马克思主义理论工作者的政治地位,培养他们的光荣感和使命感。

我迫切期待改变当前高校中马克思主义在一些学科中"失语"、论坛上"失声"的现象,期待马克思主义理论工作者成为理论战线的战士,成为既有高水平的马克思主义理论学养又有战斗意志的理论战士。应该说,成为这样的战士是光荣的,因为如同握枪的战士一样,马克思主义理论工作者也是思想理论战线的战士。在社会主义中国,尤其在高校的马克思主义学院,首先要有一个理论战士的自觉意识,有了这样的意识,就可以在学术研究中有大的格局、大的眼界和大的成就。在社会主义中国,评价一个马克思主义理论工作者的学术成就,不应该以其出版过几本书、发表过多少文章为标准,而是应该以其是否能以问题为中心、是否能解释中国面临的实际问题为标准。在高校中,如果不改变马克思主义学科的评价标准,那么马克思主义被边缘化的状况将是难以彻底改变的。如果这样是很危险的。习近平在全国宣传思想工作会议上的讲话中指出:一个政权的瓦解往往是从思想领域中开始的,政治动荡、政权更迭可能在一夜之间发生,但思想演变是前期的。思想防线被攻破了,其他防线就很难守住。

三、未来属于马克思主义

一种思想体系能存在多久,首先取决于它在何种程度上满足社会的需要。社会需要是一种思想体系能够产生和存在下去的依据。这种需要的社会基础越广泛、越强烈,符合这种社会需要的体系的存在时间越长久。其次决定于这种思想体系的性质,它的真理性、可传播性和适应性。一种高深莫测、晦涩难懂、封闭的思想体系是很难持久的。

相对而言,马克思主义是比较年轻的思想体系,它从诞生至今才一个半世纪左右,正处在方兴未艾之际。

马克思主义具有极大的社会需要性。从社会主义在一国首先胜利到社会主义在世界范围内成为处于支配地位的社会形态,这是一个相当长的历史阶段,马克思主义承担的历史使命才刚刚开始,远没有结束。到目前为止,人类并没有发现有任何学说和主义能取代马克思主义。无论是弗洛伊德主义、存在主义、结构主义、逻辑实证主义,还是其他什么主义,就局部范围说,或者就它自己的研究领域来说,很可能有某些可取之处,但从总体来说,它们无法科学地解释历史和现实,根本不可能成为人类获得解放的指导原则。马克思主义诞生以后,特别是第二次世界大战以来,西方出现了许多学派,但它们的寿命都不长,如同走马灯一样,唯独马克思主义依然保持它的巨大的吸引力。当今世界,马克思学兴起,这本身就是马克思主义具有强大生命力的一种证明。

马克思主义具有极强的适应性。从其产生看,它开始于西欧几个资本主义比较发达的国家,但就其传播来看,它很快超出了西欧、北美,传到亚洲、非洲、拉丁美洲,传到全世界。它之所以能在具有不同文化传统、不同种族和民族、不同语言的国家和地区扎根,就是因为它能同各国的实际情况相结合,能够被民族化,适应不同情况的需要。

马克思主义具有实践性和群众性。历史上许多思想体系的活动范围有限,它们往往是在少数知识阶层的狭小圈子中传播。而马克思主义走出了书斋,走出了单纯知识分子范围,与千百万人民的活动结合在了一起。有些思想体系由于活动范围狭隘,往往随着它的创立者的逝世而走向没落,而马克思主义的广泛群众基础使得它不会因它的创造者逝世而发生中断。在马克思和恩格斯去世前,在第一国际和第二国际时期已涌现出一批马克思主义者。在马克思和恩格斯逝世后,随着工人阶级革命政党的广泛建立和社会主义革命在一些国家的胜利,各国都出现了一批马克思主义者。在马克思主义广泛传播的基础上,马克思主义者人才辈出、代代相继。马克思主义中国化及其伟大成果就是最好的证明。

马克思主义的生命力还在于它的创造性。历史经验证明,凡是以终极真理自居的思想体系,没有一个能够长期存在。马克思主义历来反对终极真理,因为它同辩证思维的基本规律是相矛盾的。绝对完满的认识,正如绝对完满的社会制度一样,是荒谬的。

作为马克思主义创始人的马克思和恩格斯,终其一生都在不断地总结新经验,探索新问题,始终没有停止过创造性的研究。马克思和恩格斯后继者的杰出成就不仅在于坚持马克思主义,而且在新的条件下发展了马克思主义,在于他们继续把马克思主义向前推进。

我们应该把马克思主义同马克思、恩格斯适当区分开来。马克思主义当然离不开马克思和恩格斯,它是由他们创立的,但又不能等同。马克思、恩格斯是创立这种学说的主体,而马克思主义是被客观化了的思想体系。马克思和恩格斯的生命是有限的,他们逝世于 19 世纪;而马克思主义作为一个思想体系,它按着自身的逻辑和规律发展,它的生命活动期相当长。因此我们对马克思恩格斯评价的尺度应该不同于对马克思主义的要求。

我们对马克思恩格斯的评价应该是历史的,因为他们是历史人物。我们不能脱离他们的时代要求他们。我们不能因为他们没有看到他们逝世后的科技革命,没有看到原子弹、计算机、遗传工程而否定他们。马克思和恩格斯的伟大功绩在于,他们完成了他

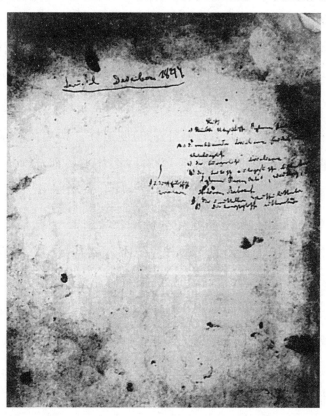

马克思写的《共产党宣言》第三章计划草稿

们同时代人所无法完成的任务,为人类创立了一个新的学说——马克思主义,这是一个比他们前人的任何一种思想体系更科学、更具有批判性的思想体系。

我们对马克思主义的评价应该是现实的,即当代的马克思主义在何种程度上推进了马克思主义,是否运用马克思主义解决或试图解决当代资本主义和当代社会主义面临的新问题。马克思主义的本质永远是当代的,而不是历史的,因此马克思主义有其长期存在的理由和根据。

毫无疑问,一个学派或思想体系的后继者同它的创始人之间的关系是复杂的。马克思主义在各国传播,它与各国具体情况和文化传统相结合,当然会使马克思主义的内容和形态发生变化。但与其他思想体系不同的是,它不是表现为改变自己的内容以适应新的社会条件和特定阶级需要,而是表现为沿着马克思主义创始人开辟的真理道路前进。它不是远离真理,而是不断为真理性认识增加新的颗粒。

难道人类以后永远只有一种思想体系——马克思主义吗?在我们的时代争论这个遥远未来的问题,只能转移人们对当代意识形态斗争的注意力,忽视了我们应该如何结合当代提出的问题创造性地发展马克思主义的重大责任。用抽象的、烦琐的争论来推开当前的现实,是很不明智的。

其实,只要我们深入地考察一下人类思想史,这个问题就不难回答。在人类思想史上发生了各种思想体系的演变,但在各种思想体系下获得的知识并不会消失。如同积土为山,层层相叠构成了人类知识的总体。

同样,在马克思主义体系中,我们应该看到作为无产阶级理论形态的马克思主义和作为人类知识、作为科学真理之间的差异性。马克思主义作为无产阶级的理论形态,它所包含的特定的阶级关系和阶级内容,当它的历史使命完成之后会消失,可是作为科学真理,它会被汇集到人类知识的大海之中。即使多少年以后会出现一个什么主义或思想体系,只要它是科学的,它必然奠基于马克思已经取得的科学成就基础上,并把它作为最重要的来源和内容。在这个意义上,马克思主义是永存的。

有些人在谈论所谓的马克思主义的危机。我们承认马克思主义发展的道路是曲折的。马克思主义从 19 世纪 40 年代的少数先进分子的理论,变为整个工人阶级的理论,变为社会主义各国的指导思想,在一百多年中,它沿着一条上升路线前进。可是从 20 世纪 50 年代中期开始,它似乎是沿着下降的路线后退。有些原先的社会主义国家抛弃了马克思主义;在一些资本主义国家中,马克思主义与工人相脱离,逐步回到课堂和书斋,成为一种纯学术研究。其实这不是马克思主义的危机,而是背离马克思主义造成的危机。这种危机,必然推动当代真正的马克思主义者去探索、思考,进一步创造性地发展马克思主义。

真理的力量是不可战胜的!

未来属于马克思主义!

第六讲　发展 21 世纪马克思主义

一、问题导向与发展 21 世纪马克思主义

　　发展 21 世纪马克思主义、当代中国马克思主义,是时代赋予当代中国马克思主义理论工作者的一项重大历史使命。在发展 21 世纪马克思主义和当代中国马克思主义的过程中,必须要坚持两个根本原则:

　　首先,是问题导向原则。习近平总书记指出:"坚持问题导向是马克思主义的鲜明特点。问题是创新的起点,也是创新

的动力源。只有聆听时代的声音,回应时代的呼唤,认真研究解决重大而紧迫的问题,才能真正把握住历史脉络、找到发展规律,推动理论创新。"真正的哲学是时代精神的精华,世界上任何伟大的哲学社会科学成果都是在回答和解决时代提出的重大问题中创造出来的,马克思主义也不例外。如果不以问题为导向,不研究社会进步、人类发展的"真问题",不探讨资本主义向何处去的问题,马克思主义也就不可能产生;同样,如果不认真研究解决不同时代所提出的重大问题,也就不可能有列宁主义、毛泽东思想和中国特色社会主义理论体系。作为一种开放的理论体系,与时俱进是马克思主义的独特的理论品格,只有回应和解决实践中遇到的重大问题,才能真正实现理论创新,这也是马克思主义永葆生机活力的根源所在。习近平新时代中国特色社会主义思想之所以能开辟中国特色社会主义理论的新境界,就是因为它立足于中国特色社会主义在建设中遇到的重大问题,提出了一系列新观点新理念新思路。任何脱离实际问题的教条主义、本本主义,或功利化的实用主义,都只会窒息马克思主义的生命力。

其次,要坚持以人民为中心的研究导向。习近平总书记指出:"为什么人的问题是哲学社会科学研究的根本性、原则性问题。"坚持以人民为中心的研究导向应是马克思主义哲学研究的根本原则。世界上没有纯而又纯的哲学社会科学。马克思主义决不只是一种单纯的科学体系,它也包含着鲜明的政治立场和实践旨趣,即自觉地服务于无产阶级和人类解放。可以说,"哲学为人民"是马克思主义哲学的本质特征,脱离了人民就等于脱离了实践。我不相信一个不热爱人民、不关心实践、只关心本本的人,能真正有勇气、有决心、有兴趣投身于创造性推进马克思主义哲学的伟大事业之中。

发展 21 世纪马克思主义，特别是发展当代中国马克思主义，必须要立足中国实际，这是根本。脱离了中国实践，发展马克思主义就是一句空话。同时，还必须具有世界眼光，要积极吸收和借鉴人类文明的一切有益成果，不断发展和创新马克思主义。从当前世界局势来看，发展马克思主义，离不开对当代资本主义运行机制及其发展规律的研究，这就要求我们必须要深入剖析当代资本主义新变化新发展新形态，把握其内在本质，系统深化对当代资本主义内在矛盾及其发展趋势的规律性认识。在这方面，国外马克思主义研究成果能够为我们提供重要启示，我们应当充分吸收和借鉴。但是，另一方面，我们也必须对国外马克思主义保持清醒认识，决不能带着猎奇心态，一味地求新求变，制造一些新奇的概念，卖弄一些空洞的文字游戏；更不能全盘照搬，用于指导和发展当代中国马克思主义，这样就完全本末倒置了。

国外马克思主义有各种各样的派别，应该具体分析，深入分析它们各自的观点和得失。它山之石，可以攻玉。但我们应该懂得，由于社会背景和历史条件不同，西方马克思主义虽然对资本主义持批判态度，但他们主导趋向走的是学术化、学院化道路，而不是以推翻资本主义社会、实现马克思主义伟大理想而从事马克思主义研究。我们则不同，在中国，马克思主义是行动指南。不忘初心，牢记使命，是我们研究马克思主义的目的。

毫无疑问，由于西方马克思主义处在西方社会环境下，直接面对资本主义社会，他们对资本主义社会中的问题可以有较深入的

马克思、恩格斯和马克思的三个女儿燕妮、劳拉和爱琳娜（1864年5月）

观察和切身感受，我们可以从西方马克思主义者包括左翼思想家
们那里吸取他们对资本主义的批判思想，但他们的学术化、学院化
趋向，又限制了他们继承和发挥马克思主义的革命实践精神，把马
克思主义研究导向纯学术研究，摒弃马克思主义的历史使命，容易
变成讲坛上的马克思主义或论坛上的马克思主义，这种马克思主
义可以为西方统治者所容忍，可以出书，可以授课，因为它对西方
资产阶级的统治并没有多大威胁。特别是由于西方马克思主义所
处的社会和思想环境，其中一些学派往往容易与西方哲学结合，产
生出种种旗号的马克思主义，导致对马克思主义的肢解。

　　正因为这样,我们既不能盲目排斥西方马克思主义,也不能不加分析地把西方马克思主义的观点奉为创新,盲目跟风,应该对他们的观点和著作进行具体分析和研究。马克思主义研究应该重视学术性,应该写出高质量的学术性著作,但从方向或理论趋向上说,我们的马克思主义研究不能走脱离中国特色社会主义建设、脱离人民群众、脱离现实实践的学院化道路。学术性与学院化是不同的。如果我们的马克思主义研究走学院化道路,就会把中国马克思主义理论研究带入死胡同,更不用说什么在实践中发展马克思主义了。

　　在马克思主义研究中,我们不能轻中马,重西马,这不是对西方马克思主义采取拒斥态度,而是中国马克思主义研究的主次问题。作为一个专业,我们应该有人毕生从事西方马克思主义研究;作为一个马克思主义理论工作者,我们也应该关注西方马克思主义研究的进展和动态。但我们举什么旗帜,坚持什么观点,仍然要坚持马克思主义基本原理与中国实际相结合的马克思主义中国化道路,立足中国实际,解决中国问题,坚定马克思主义理论信仰,有分析、有鉴别地对待国外马克思主义流派,使后者真正服务于对中国问题和中国化马克思主义的研究。

　　中国马克思主义理论工作者有特别有利的条件从事创造性的马克思主义研究工作。第一,中国共产党旗帜鲜明地坚持马克思主义,坚持马克思主义中国化道路,为中国马克思主义理论工作者树立了创造性发展马克思主义的榜样,并为其指明了方向。中国特色社会主义理论体系是马克思主义中国化的最新成就,是对马克思主义的创造性发展,特别是习近平新时代中国特色社会主义思想是 21 世纪的马克思主义，是当代中国的马克思主义。中国马克思主义理论工作者有科学的指导思想和丰富的理论资源。第二，中国马克思主义面对建设新时代中国特色社会主义、实现中华民族伟大复兴的实践，这是任何其他国家的马克思主义研究所没有的条件。实践是理论之母，是推动马克思主义创造性发展的动力。可以说，中国特色社会主义伟大建设实践，为中国马克思主义理论工作者的创造性研究开拓了极其广阔的空间，中国马克思主义理论研究大有可为。我们这些马克思主义理论工作者可以说是"生逢其时"。习近平总书记指出："我国哲学社会科学应该以我们正在做的事情为中心，从我国改革发展的实践中挖掘新材料、发现新问题、提出新观点、构建新理论，提炼出有学理性的新理论，概括出有规律性的新实践。"

事实上，中国特色社会主义建设是社会主义发展史、马克思主义发展史上的一项前无古人的伟大创举。要发展 21 世纪马克思主义和当代中国马克思主义，中国马克思主义理论工作者必须扎根中国大地，立足中国实际，认真研究、解决中国特色社会主义建设实践中遇到的重大理论和现实问题，尤其是改革中出现的重大问题。习近平总书记讲要将改革彻底进行下去，这其中会遇到很多新问题新挑战，需要马克思主义理论工作者认真研究、细致探索。坚持马克思主义，坚持中国特色社会主义理论，创造性地研究马克思主义，为中国特色社会主义建设立德立言、献计献策，是马克思主义理论工作者应当承担的社会历史使命。

党的十八大以来，以习近平同志为核心的党中央以巨大的政治勇气和强烈的责任担当，出台了一系列重大方针政策，提出了一系列重大举措,推进一系列重大工程,解决了许多长期想解决而没有解决的问题,办成了许多过去想办而没有办成的大事。这些历史性变革,对党和国家事业发展具有重大而深远的影响。但我们不能认为现在一切问题都解决了,可以高枕无忧了。实际上,我们面对的需要解决的问题并不少,尤其是进入改革深水区,会碰到新的问题。作为马克思主义理论工作者,我们必须坚持历史唯物主义,客观地认识问题、分析问题,既要充分看到中国特色社会主义的伟大成就,尤其是党的十八大以来的重大成就,但也不能掩盖问题,必须以一个学者所应承担的社会责任,研究这些问题,为中国特色社会主义建设贡献自己的力量。

我们从事马克思主义理论教学和研究工作,是在一个非常重要的领域——意识形态领域——工作。这是一个存在思想理论斗争的领域,是一个关系到中国特色社会主义举旗定向的领域。作为一个马克思主义理论工作者,对思想理论领域中存在的问题不能视而不见。苏联解体、东欧剧变以来,一些别有用心的人一直鼓吹马克思主义失败了,宣扬"马克思主义过时论",这是完全错误的。苏东的失败决不是马克思主义本身的失败,而是修正主义和教条主义的失败,是故步自封和封闭僵化体制的失败。这些教训进一步从反面证明了马克思主义的科学性,证明了理论联系实际、实事求是路线的正确性,证明了全面从严治党的重要性。苏联解体和东欧剧变并不是因为当政者创造性地与本国实际结合起来应用马克思主义,而是走了一条由教条主义到修正主义,到最终解散共产党、取消马克思主义的道路,走了一条由深陷泥潭到彻底没顶的道路。

燕妮

还有一些人鼓吹"普世价值"和西方的"宪政民主",指摘中国特色的政治制度是专制制度,以民主和专制的两极对立来抹黑中国共产党。西方民主制度真的就是人民当家做主吗?真能代表民意吗？不能。表面上看,西方民主倡导一人一票制,可以用选票来表现民意。其实,真正参与投票的人数往往并非一国人民的大多数,而且由于各个政党对选票的瓜分,当选者其实对全国人民而言并非多数。我们还不说黑金政治、舆论操纵以及种种选举怪招、"奥步",这种表演民主、拜票民主、拉选民主、金钱民主,称不上是真正代表民意的民主。同样,西方国家所谓的多党制,实际上仍是一个党,它们所代表的其实只是同一个阶级中的不同利益集团。例如美国,不论是民主党还是共和党执政,谁上台执政都不会改变美国的资本主义性质。近些年来,关于西方民主制度危机的评论不绝于耳,西方有识之士不断抨击西方民主制度已走向穷途末路。我们国家则不同。从领导角度说,中国实行中国共产党领导下的多党合作制。社会主义国家绝不能实行多党制,实行所谓轮流坐庄的政党轮替制,否则,将会重蹈苏联解体和东欧剧变的覆辙。这是由社会主义制度的本质决定的。除以马克思主义为指导的共产党外,世界上没有任何一种性质的政党能担负建设一个消灭剥削、消除两极对立、全民共同富裕的社会主义社会。在中国,共产党的绝对领导和社会主义制度是不可分的。没有共产党领导的社会主义社会,正如没有社会主义制度的共产党领导一样,都是不可能的。

二、文化自信与当代中国哲学
　　社会科学话语体系的建构

文化自信不单纯是个学术问题,更是一个极其重要的政治问题。习总书记说:"文化自信,是更基础、更广泛、更深厚的自信。"没有文化自信,道路自信、理论自信、制度自信就没有精神支柱。脱离了中国历史和文化,就很难说清中国道路的历史必然性,很难说清中国特色社会主义理论体系的中国意蕴,很难说清中国特色社会主义制度的特点和独特优势。在文化上,如果认为自己一切都不如人,那么,道路自信、理论自信、制度自信就建立不起来。

近代以来,中国遭受了西方列强的长期欺凌,沦为半殖民地半封建社会,国人心中开始弥漫着一种自卑情绪。从技不如人,到制度不如人,再到文化不如人,似乎中国的一切都不如人,甚至连西方的月亮都比中国的圆。在这种自卑情绪的作用下,国人渐渐丧失了文化自信,甚至形成了崇洋媚外、全盘西化的扭曲人格。虽然中国革命、建设和改革都取得了伟大成就,实现了从站起来、富起来到强起来的历史性飞跃,但这种文化上的自卑心态并没有因此而绝种,甚至还拥有广泛市场。在他们看来,西方道路才是人类文明发展的共同道路,而中国则"冒天下之大不韪",背离了世界文明发展之路,是逆历史潮流而动的。那么,他们凭什么说中国基于自身国情、历史和文化传统选择的道路是逆流,而西方道路就是人类文明共同发展之路呢?归根到底,还是文化不自信。他们把西方"普世价值"作为标准来衡量中国现实,把别人鞋子的尺码作为尺度来衡量自己的鞋子是否合脚。如果说,"郑人买履"是宁愿相信鞋样而不相信自己脚的蠢人,那么,这种鄙视自己文化而只相信西方文化优越的论调,则是曾经被殖民思维余毒未尽的残渣。以此来看,文化自信是道路自信、理论自信、制度自信的精神支撑,是主心骨。一个对自己民族文化都不自信的人,怎么会坚定道路自信、理论自信、制度自信呢!所以,在此背景下,习总书记提出文化自信问题,决不单纯是基于学术或理论的考量,而是有着极为重要的政治意义。如果脱离了中国历史和当代现实,只把文化自信理解为一个学术问题,那就忽视了它的政治意义。

中国有五千年的文化发展史,中国传统文化博大精深,是中华民族文化之根。我们对自己的传统文化抱有尊崇和礼敬之心,这是应该的;但文化自信并不能简单地归结为对传统文化的自信,还应当包括对革命文化和红色文化、社会主义先进文化的自信。这是一个统一过程。没有传统文化就没有根,但没有红色文化和社会主义先进文化就没有中华文化的延续和创造性发展,就是中华文化的断流。如果断流了,就谈不上文化自信。文化不能断流,不能光靠祖宗过日子,更要依靠子孙后代的继承、创新和发展。因此,文化自信不能简单地认为是对传统文化的自信,如果对自己的革命文化、红色文化都不自信,对社会主义先进文化不自信,那么文化自信就会缺乏现实的社会根基。

我们强调革命文化和社会主义先进文化,丝毫无损于我们传统文化的博大精深、辉煌灿烂。但社会是发展的,社会制度是变化的。现代人不是生活在古代中国,现代人的思想观念、生活方式以及人际关系,都不同于古代。社会主义现代化应该包括思想观念的现代化,包括生活方式的现代化,包括相互交往的礼仪和称呼的变化,不可能原封不动地搬用古代的东西。好的传统要继承,但也要变化,以适合现代人的现代生活。比如,古代的礼主要是典章制度,即使是属于仪式方面的礼节也往往体现了当时的等级制度的要求。我们现在也要讲礼,但不能完全恢复古礼,包括婚礼、葬礼,都应该移风易俗。再比如,"和为贵"是中国处理人际关系甚至国家关系的重要原则,但我们并不能只讲"和为贵"而否定斗争。习近平总书记说:"实现伟大梦想,必须进行伟大斗争。社会是在矛盾运动中前进的,有矛盾就会有斗争。我们党要团结带领人民有效地应对挑战、抵御重大风险、克服重大阻力、解决重大矛盾,必须进行具有许多新历史特点的伟大斗争,任何贪图享受、消极懈怠,回避矛盾的思想和行为都是错误的。"无论是在国际上对霸权主义,在国内对一切反对中国共产党、反对社会主义的思想理论,必须旗帜鲜明地进行斗争。有段时期马克思主义被歪曲为斗争哲学,"斗争"二字成为一个贬义词,而"和"变成一个褒义词,并被无条件地置于道德制高点上,这当然是对马克思主义哲学的曲解。

我们经常说没有中国共产党,就没有新中国,中国人民选择马克思主义和社会主义是历史的必然。对于我们这个年代的人而言,这是毫无异议的。新中国成立之初,我在复旦上大学时,马克思主义政治课就是一门重要课程,当时叫社会发展史。后来,我到中国人民大学任教,政治课也是非常有吸引力的课程。当时,马克思主义的指导地位、马克思主义教员的地位、马克思主义课程的重要性,很少听说有人怀疑过。现在形势不一样了,年青一代没有经历过那段历史,对中国共产党为什么会选择马克思主义作为指导思想缺乏直接的历史体验,再加上利益分化导致的思想多元化、价值观念的多样化以及各种思潮的影响,难免会对马克思主义意识形态产生困惑或疑虑。从这个角度来看,理解红色文化形成的必然性,继承和弘扬红色文化,是我们坚定马克思主义理论自信的基础。

一个国家实行什么样的主义,关键要看这个主义能否解决这个国家面临的历史性课题。在中华民族积贫积弱、任人宰割的时期,各种主义和思潮都进行过尝试,资本主义道路没走通,改良主义、自由主义、无政府主义、文化复古主义、民粹主义等也都"你方唱罢我登场",但都没能解决中国的前途和命运问题。正是无路可走,才选择革命的道路。毛主席曾说,找过很多路都走不通,只能上山,打游击,走武装革命道路解决中国问题。也正是在这样的背景下,中国共产党和中国人民选择了马克思主义,最终带领中国人民走出了漫漫长夜,取得了民主革命的胜利,建立了新中国。不经历革命文化这个环节,就不可能直接从中国传统文化过渡到社会主义先进文化,就理解不了为什么今天要坚持马克思主义指导地位毫不动摇,就理解不了文化自信的根源和基础。

　　我们讲的文化自信,不是夜郎自大式的盲目自信,更不是"唯我独尊"、拒斥一切的封闭自信,而是以文化自觉为基础的包容开放、兼收并蓄的自信。因此,在树立文化自信的过程中,正确认识、处理好古今中外文化之间的关系,就极为重要。

　　就古今关系而言,最为核心的一个问题,就是如何看待马克思主义与以儒学为主导的中国传统文化之间的关系。在《关于实施中华优秀传统文化传承发展工程的意见》印发后,有些人就迷惑了:中国共产党不是以马克思主义为指导思想吗,为什么还要传承和发展中华优秀传统文化呢? 这是否意味着要放弃马克思主义,重走过去以儒治国的老路呢? 实际上,这种非此即彼、水火不容的认识不仅是完全错误的,而且是极其有害的。单纯从文化领域来理解马克思主义与中国传统文化之间的关系,是说不清的,必须上升到社会存在变革的高度,才能真正把握二者的关系。我前面已多次说过,中国社会从以儒学为指导到以马克思主义为指导,不是封建王朝更替的结果,而是社会形态根本变革的产物。中国革命的胜利、社会主义建设和改革开放取得的伟大成就都是在马克思主义指导下获得的,是马克思主义和中国实际相结合的产物。因此,作为中国共产党领导的社会主义国家,不论何时何地,我们都必须要高举马克思主义旗帜毫不动摇。

　　为什么还要继承和弘扬中华优秀传统文化呢? 文化是一个国家、一个民族的灵魂,抛弃了这个灵魂,就等于隔断了这个国家、这个民族的精神血脉。中华文明源远流长、博大精深,其中蕴含着古人丰富的治国理政、立德化民的智慧,是我们建设中国特色社会主义的思想宝库和资源。马克思主义要与中国实际相结合,自然就包含着与中国传统文化的结合,因此,必须要从中国传统文化中汲取营养,不断创新、丰富、发展马克思主义的中国特征、民族特色。

更为重要的是,马克思主义主要是革命学说,主要是提供一个科学世界观和方法论,但社会生活是多样的。以儒学为主导的中国传统文化具有道德伦理特色,它对人的人格和道德培养,对成"人"教育,对如何做人,提供了中国智慧。在解决人民日益增长的对美好生活的需要和不平衡不充分发展之间的主要矛盾中,中国传统文化的精华对人民的文化需求,对道德素质的培养有重要作用。因此,我们需要充分挖掘、吸收和运用中国传统文化中蕴含的智慧来帮助解决当代问题。当然,对中国传统文化的继承和弘扬,必须坚持古为今用、推陈出新,结合新的实践和时代要求进行正确取舍,坚持有鉴别地对待、有扬弃地继承,努力实现传统文化的创造性转化、创新性发展,使之与现实文化相融相通,共同服务以文化人的时代任务。

抽象地将马克思主义与中国传统文化对立起来是错误的:不能因为指导思想是马克思主义,就全盘否定中国传统文化的精髓和当代价值,这是文化虚无主义;也不能因为要继承和弘扬传统文化,就反对马克思主义的指导地位,这是文化复古主义。

中外关系问题,就是如何处理好本民族文化与外来文化之间的关系问题。习总书记指出,强调文化自信,"不是要搞自我封闭,更不是要搞唯我独尊、'只此一家,别无分店'。各国各民族都应该虚心学习、积极借鉴别国别民族思想文化的长处和精华,这是增强本国本民族思想文化自尊、自信、自立的重要条件。"因此,我们必须要坚持从本国本民族实际出发,坚持取长补短,择善而从,兼收并蓄,不断汲取各国文明的长处和精华,不断丰富和发展中华文化。

话语不是单纯的词句,它必须具有坚实的理论和文化支撑。没有理论自信和文化自信作为支撑,话语就不能称其为话语,最多只能算是一种词语。所谓中国特色哲学社会科学话语体系,必须是马克思主义指导下的话语体系,是体现中国特色社会主义理论内核的话语表达形式。从这个角度而言,话语体系建构的核心不在于概念、范畴的外延建设,而在于内涵提升:一方面,必须立足中国特色社会主义实践,坚持马克思主义理论指导,对原有范畴概念进行马克思主义化改造和融合,赋予它们新的内涵,使其上升到中国话语的高度;另一方面,要从我国改革发展的实践中提出新观点、构建新理论,致力于打造融通中外文化、体现中国特色的新范畴新概念新表述,大力推动中国话语体系的创新发展。在这一过程中,当代中国哲学社会科学理论工作者应当自觉承担这一历史使命,在国际上要敢于发声,反对西方话语霸权,用中国话语讲好中国故事,传播好中国声音,积极提升中国话语的国际影响力;在意识形态领域,要坚定马克思主义理论信仰,同各种错误思潮作斗争,用马克思主义话语体系解释好中国历史和现实,坚定道路自信、理论自信、制度自信和文化自信,坚实捍卫马克思主义一元指导地位,全面巩固和提升马克思主义话语权;在学术上,要坚持以人民为中心的研究导向,建立自己的学术话语体系和评价体系,真正推动中国哲学社会科学的繁荣创新发展。

四、坚定马克思主义信仰与当代学者的历史使命

习近平总书记在哲学社会科学工作座谈会上发表的重要讲话中指出:"实际工作中,在有的领域中马克思主义被边缘化、空泛化、标签化,在一些学科中'失语'、教材中'失踪'、论坛上'失声'。"马克思主义逐渐被边缘化现象的产生不是偶然的,其原因有大环境方面的,也有小环境方面的。就大环境而言,主要是东欧剧变和苏联解体,世界社会主义革命低潮,西方国家尤其是美国推行思想渗透等等。就小环境而言,主要是改革开放以来,我们经历了深刻的社会变化,在人际关系、意识形态方面也带来了一些新问题。比如,利益分化导致思想的多元化、价值观念的多元化。试想,如果只是让经济利益成为我们高校各个专业导向的指挥棒,成为学习动力的指挥棒,那么,在这种弥漫着拜金主义的社会氛围里,马克思主义怎么可能不被边缘化呢?

青年人如果只是着眼于个人经济利益,就容易认为没必要去学习马克思主义,而是去学习那些他们认为更"有用"的、能赚大钱的东西。马克思主义确实不如计算机实用,后者能带来直接的、看得见的计算运用和高报酬。可是,如果我们从民族国家命运、社会前途角度去考虑,马克思主义的巨大作用是其他东西无法比拟的。我说过,马克思主义不是关于个人发财致富的科学,而是关于人类解放的科学。

马克思主义信仰,包含着政治立场、理想信念和价值倾向等问题,这是决定人生方向和追求的大问题。青年人的思想政治教育,

就是要把这些问题说透说清楚,让青年们认识到马克思主义和专门知识有很大区别,这是管方向的,说起来很抽象,但实际上是非常具体的。每个人都有一个"为谁服务"的问题,我们要通过教育让青年们解决好这个认识问题。

习近平总书记反复强调,意识形态工作是党的一项极端重要的工作。在全国高校思想政治工作会议上,习近平总书记又高屋建瓴地指出,高校思想政治工作关系高校培养什么样的人、如何培养人以及为谁培养人这个根本问题,要坚持把立德树人贯穿教育教学全过程,实现全程育人、全方位育人。这个问题太重要了。如果这个问题解决不好,经济发展再快,也会导致"精神缺钙",甚至会导致政治上变质、经济上贪婪、道德上堕落、生活上腐化等等。比如苏联,当时科学技术、军事力量都与美国不相上下,然而它还是失败了,关键就在于它取消了马克思主义的指导地位,在意识形态领域完全处于溃败地位。如果苏联仍然坚持马克思主义指导,以马克思主义来纠正错误,守住意识形态这个阵地,苏联不至于在那么短的时间内溃不成军。所以,不论中国 GDP 有多高,科学有多发展,都必须坚持把理想和信仰教育、把社会主义核心价值观教育放在重要地位。

就大学而言,首先必须解决"培养什么样的人、如何培养人以及为谁培养人"这个根本问题。大学最大的特点是什么?既是传授知识的地方,也是培养人的地方。很多人不懂得这个道理,他只相信一个口号"知识改变命运"。但实际上,知识可以改变命运,也可以送掉你的命。法国哲学家蒙田讲过一句话,"一个没有善良知识的人,任何知识对他都是有害的"。很多造假药的、制毒的人不少是学化学的、学生物的,他们都是有知识的人。因此,大学必须既要传授知识又要培养人,而且首先是培养人。

在封建社会,知识改变命运的最大特点是读书做官;在工业社会,知识改变命运的最大特点是用知识创造价值,即所谓"知识资本";在发展中国家,知识改变命运的最大特点是阶层流动;在我们国家,知识改变个人的命运应该和民族命运的改变相结合。你不仅要改变自己的命运,也应该同时有助于改变国家和民族的命运。这四种情况都是不一样的,对于我们来说,我们是社会主义国家,社会主义的属性决定了个人改变命运的同时,也要对国家和民族做出贡献,这才是最正确的最有前途的道路。我们高校应该培养既有才能同时又具有爱国主义和社会主义精神的人才,也就是又红又专的人才,不能培养所谓精致的利己主义者。

青年人在思想观念解放、在新事物新技术的接受和创新方面、在社会条件方面,都更具优越性。面对多种多样的选择空间,有什么样的价值观,就会做出什么样的选择。年轻人如果只讲钱,别的什么都无所谓,就会陷入"有奶便是娘"的实用主义误区,风浪乍起就会晕头转向。只有那些将个人选择和理想信念结合起来的人,才是真正懂得选择的人。有舵有帆之船,即使在风急浪高的大海中航行,也不会倾覆。

客观地说,现在的青年教师理论水平都不低,比 20 世纪五六十年代我们当老师时的水平高很多,知识面也宽很多,但为什么面对学生讲课的公信力却没有那么强了呢?我想,不能把原因单纯归结于思政教师,不能让老师来承担各种社会问题的责任。当然思想政治教员有作为思想政治课老师的责任,就是要帮助学生理解这些社会问题,要传道授业解惑。比如高房价、看病难以及贪污腐败等等社会问题。这些问题当然不是政治课老师造成的,但是老师们却有责任解释清楚这些问题。我认为,我们搞马克思主义的,不是无原则的"歌德派",也不是无原则的反对派,而应该是实事求是派。马克思说:"理论只要说服人,就能掌握群众;而理论只要彻底,就能说服人。所谓彻底,就是抓住事物的根本。"只要我们把产生这些问题的原因讲清楚了、讲透了,把以习近平同志为核心的党中央采取什么措施解决这些问题,我们取得了什么成效,我们的发展方向是什么,我们要建设一个什么样的中国特色社会主义,如何建设,讲得比较清楚,令人信服,自然就能提高马克思主义解决问题的公信力和说服力。

在当前形势下,我们青年教师应该如何做,才能更好地担负起马克思主义理论工作者的历史使命和时代责任? 我认为,首先,必须解决自身信仰问题。理论深度可以慢慢提高,但是基本的政治态度、政治信仰是不可动摇的,拥护中国共产党、拥护社会主义是必须坚持的。有的思想政治课老师,自己都没有从思想深处真正信仰马克思主义,怎么能让青年学生信仰呢? 自己都站不稳,还想扶别人? 所以,讲好这门课,前提是要自己坚定信仰。做一个马克思主义者很难,做一个坚定的马克思主义者更难,这不仅要有深厚的马克思主义理论学养,吸取人类积累的广博的知识,而且要有关心社会现实问题和以人民利益为中心的激情和热情。曲论阿世,信口乱言,我死后管它洪水滔天的人,不可能成为马克思主义的坚定信仰者。我期待着马克思主义理论工作者能够像握枪的战士一样,成为理论战线的战士,以实际行动去捍卫马克思主义。

　　讲好思想政治课,还要善于"抓问题"。了解学生心中的问题,才能洞悉学生所惑,并由此找到马克思主义原理通往年轻人心灵的路径。像我前面说的,贫富差距、贪污腐败、道德滑坡等等社会乱象,不是老师们造成的,但是他们有责任去解释、说明、探索这个问题,引导青年学生实事求是地分析、认识这些社会问题。我们要认真学习习近平关于治国理政的重要思想和理论。如果青年学生能从社会治理和国家管理角度去理解、分析社会问题,就不会因为对社会乱象不满而盲目地反对马克思主义,埋怨社会主义制度。因为这些社会乱象既不符合马克思主义,也不符合社会主义本质,只有坚持党的领导,坚持马克思主义,坚持社会主义,坚持全面从严治党,才能解决这些问题。

　　当然,引导青年学生正确看待这些社会现象,更为重要的是要培养正确的历史观。现在年青一代,对过去的历史事实不了解,缺乏有效的纵向比较,没有形成正确的历史观。比如,看待国共抗战,应该肯定国民政府在全面抗战中的作用,组织过几次大的战役,但也应该看到国军节节败退,一直退守四川一隅;而共产党坚持敌后抗战,反对投降,成为抗日战争的中流砥柱,这都是事实,应该全面分析。又如,对于计划经济时期的布票、粮票的事,要放在当时条件下来认识,年轻人不懂得在当时困难条件下这些票所发挥的实际作用。我们当然不希望过这种生活,可是当时物质高度匮乏,为了保证老百姓的基本生存需要不得已才采取这些措施。这些措施体现了当时条件下的公平原则。再如,对于人民群众在历史中的作用,青年学生看到的都是政治舞台上的领导人,人民群众看不见、摸不着,看不到人民群众对于国家命运的支撑作用。事实上,没有老百姓的支撑,任何政权都不能长久维持下去。水可载舟,亦可覆舟,讲的就是这个道理。站在前台的领导毕竟是少数,最后决定命运的恰恰是老百姓这个"绝对多数"。思想政治课教师在讲解马克思主义基本理论时,必须要结合这些历史问题,从事实出发,把理论讲透彻、讲明白,而不能单纯停留在抽象的条条框框上,否则,就会使理论教育苍白无力。有理走遍天下,无理寸步难行。所谓理论就是要讲理,要把理讲深讲透。如果马克思主义理论课讲不清楚"理",或者"无理"可讲,只是在一些空洞的概念中来回倒腾,这种课是讲不好的。

第七讲　信仰危机问题与精神家园的重建

　　同行相聚闲聊,都说现在第一志愿报考哲学的考生越来越少,即使名校著名哲学系亦复如此。哲学仿佛日暮途穷,感慨万千。

　　历史往往昭示着未来。人类历史上的变革、革命都与哲学不可分。18 世纪的法国、19 世纪的德国,哲学都是作为革命的先导。中国共产党领导的革命,同样与马克思主义哲学在中国引发的思想变革不可分。从文化角度说,哲学是文化的活的灵魂。人类轴心时代之所以如此久远,仍未成为历史遗忘的角落,与彼时出现的灿若星辰的伟大哲学家不可分。17世纪的英国、18世纪的法国、19世纪的德国,在它们的文化光芒中都闪烁着哲学家群星的身影。中国历史更是如此。从先秦百家争鸣时代,历经魏晋、两宋、明清,都有名载史册的杰出哲学家。在当代中国,中华民族的伟大复兴,哲学,尤其是马克思主义哲学如果缺位,是根本不可想象的。

当代哲学学科陷入某种困境是世界性的。只要我们把哲学地位演变放在人类历史过程中来考察,我们就不会感到沮丧。社会主义中国前途光明,中国哲学的前途同样光明。一个有如此丰厚民族传统文化底蕴的中国,一个由于改革开放而有条件会通中西、贯通古今、打通马中西哲学的社会主义中国,哲学在人们心目中的衰落,只是市场就业导向导致的暂时现象,绝不是中国哲学发展的没落。笔者坚定地相信,在中华民族文化复兴的大潮中,哲学一定能发光,"密纳发的猫头鹰"将会在中国天空再度起飞!

一、科技与人文主导地位的嬗变

哲学的被边缘化,是世界历史进入现代化、工业化发展的一种必然趋势。工具理性压倒价值理性,是人类思想发展的畸形。科技与人文主导地位的嬗变,是由传统社会进入现代社会必然会出现的思想现象。然而,现代化带来的种种弊端,使回归人文、呼唤两种文化的结合,成为当代世界的最强音。

在前资本主义社会,无论是在东方还是在西方,文史哲,是社会的主导思想形态。在中国,春秋战国时期的诸子百家、楚辞汉赋、唐诗宋词、元曲、明清小说，都是如此。哲学地位尤其显著。中国历代著名哲学家之多，世所罕见。在中国近代历史上，虽经洋务运动、中体西用、维新变法，以至倡导科学救国，在中国处于主导地位的仍然是人文文化。1949年以前的中国，科学技术非常落后，从来没有取代过人文文化的主导地位。

西方的历史进程，在很长的时间里大体相似。在前资本主义时期，古代的希腊罗马哲学、中世纪的经院哲学、17世纪英国哲学、18世纪法国启蒙哲学和百科全书派、19世纪的德国古典哲学，都具有时代标志性。在西方文化史上，哲学家名人辈出，他们都是人类文化史上闪光发亮的人物。只有当西方进入工业化、现代化阶段，科学技术逐渐取代人文学科处于主导地位之后，人文学科才逐渐被边缘化。尤其是当科学技术成为第一生产力以后，更是如此。在当代西方，哲学同样是冷门专业。哲学系很小，教授也不多。与科学技术、财经管理等学科相比，哲学是"弱势"学科。

两种文化，即科学技术文化与人文文化主导地位的嬗变，是资本增殖和市场需要流向的必然表现。在资本迅速增殖的推动下，一切与资本和市场紧密相关的学科得到发展，人文学科尤其是哲学开始褪去它在前资本主义社会的神圣光环。当一切价值都变成可以由货币估价时，资本之神就坐上头把交椅，智慧女神、缪斯女神等诸神必然退位。只要读读《1844年经济学哲学手稿》中的货币一节，读读《共产党宣言》第一章，读到"资产阶级抹去了一切向来受人尊崇和令人敬畏的职业的神圣光环"，我们就会发现，在工业化时代，哲学被冷落毫不奇怪。

黑格尔1816年在海德堡大学的演讲词、1818年在柏林大学的开讲辞都曾说道,"时代的艰苦使人对于日常生活中平凡的琐屑兴趣予以太大的重视,现实上很高的利益和为了这些利益而作的斗争,曾经大大地占据了精神上一切的能力和力量以及外在手段,因而使得人们没有自由的心情去理会那较高的内心生活和较纯洁的精神活动,以致许多较优秀的人才都为这艰苦环境所束缚,并且部分地牺牲在里面"。这是 200 年前的话,何其精辟!当时,资本主义在德国刚刚兴起,比起英国和法国仍然落后得多。后起的德国还没开始尝到工业化的甜头,就已经尝到资本主义的苦头。德国哲学家对社会摒弃德国古典哲学传统,人们过分关注世俗的物质生活,啧有烦言,呼吁重回精神生活。可历史并不理会哲学家的牢骚话,它按自己的规律往前走。

当年费尔巴哈报考哲学系时,他父亲写信坚决反对。费尔巴哈的父亲是刑法律师,他期望费尔巴哈子承父业学习法律。在得知费尔巴哈坚决报考哲学系时,费尔巴哈的父亲在给他的信中说:"我深深相信,我说服你是不可能的,就是想到你将遭受没有面包丢尽体面的悲惨生活,也不会对你发生作用,因此,我们将按照你自己的意志行事,委身于你自己一手制造的命运,让你去尝尝我向你预言的悔恨。"费尔巴哈没有听从他父亲的意见,坚持进入柏林大学哲学系就读,因为他认定,"哲学之外没有幸福!人只有在自己满足的地方才能有幸福,哲学的嗜好保证了我的哲学才能","哲学给予我永生的金苹果,向我提供现世的永恒福祉的享用,给予我以自身的相等,我将变得丰富,无限的丰富。哲学是取之不尽,用之不竭的源泉"。可德国的古典哲学家以及费尔巴哈的执着追求,也不可能挽回哲学在科学技术飞速发展以及资本对利润

马克思（1875 年）

追逐面前所处的弱势地位。

物极必反，这是历史的辩证规律。当科学技术迅速发展的同时，各种危机，如生态危机、文化危机、道德危机开始涌现时，理论家们开始记起人文文化，尤其是哲学。可有些思想家把责任归结为科学技术的发展，"科学终结论"随之而起，反科学、反技术成为一种思潮。曾经作为推动人类社会进步的科技力量，变成阻碍人类社会发展，甚至被视为败坏人性的恶魔。奥地利哲学家维特根斯坦说，"科学技术时代是人性终结的开始，有关伟大的进步观念，与那种认为真理最终会被认识的观念一起，都是一种错觉，科学知识中不存在良好的值得欲求的东西，而追求科学知识的人类则落入一个陷阱"。这当然是错误的科技观。

问题并不在于科学技术，而在于它如何被运用。对科技的运用，既有社会制度问题，也有科技学者的价值观和人文道德修养问题。自然的惩罚，使人们从物质生产和精神生产严重失衡的痛苦中，从生态环境和社会伦理生态的恶化中慢慢清醒过来。英国学者C.P.斯诺在20世纪50年代末由多次演讲结集的《两种文化》一书中已经看到科技与人文对立的危害性。他说，"我们必须用以反对技术恶果的唯一武器同样是技术本身。没有别的武器。我们无法退入一个根本不存在的没有技术的伊甸园。"但是"人们必须了解技术、应用科学和科学本身究竟如何，它能做什么，不能做什么。这种了解是20世纪末教育的必要组成部分。我们需要一种共有文化"。所谓共有文化，即科学与人文并重和结合的新的文化。哲学必然成为，也应该成为这种共有文化的指导和黏合剂。从人类世界历史发展来看，即使不会出现第二个轴心时代，哲学也绝不会由于科学技术的发展而失去它的光辉。科学技术越发展越需要哲学，后现代主义者鼓吹的"哲学终结论"是与历史发展规律相背而行的。"哲学终结论"仍然是一种哲学，它处在以一种哲学否定另一种哲学的自我矛盾的悖论之中。只要社会在发展，人类的精神渴求在不断充实，哲学之星就绝不会陨落。

二、哲学在当代中国的暂时困境

为什么在社会主义中国，特别是改革开放以来，我们也会出现哲学被冷落的情况呢？20世纪50年代中国人民大学哲学系的辉煌景象至今仍为人们称道。这不是个人的问题，而是社会经济转型使然。当市场需要成为社会经济生活中的主导力量，哲学必然处在社会主义国家和民族的需要、市场经济的需要、个人的需要这三者之间产生的巨大裂痕的夹缝之中。哲学正在夹缝中苦苦奋斗。

从国家需要来说,社会主义中国不仅需要物质财富,物质不能贫困;同样需要精神财富,精神也不能贫困。物质贫穷不是社会主义,精神贫穷同样不是社会主义。社会主义中国需要发展哲学。精神是民族的灵魂,是一个民族能否持续发展的精神动力。一个没有哲学思维的民族,很难自立于世界民族之林。一个有远见的民族和国家的领导人,一定会重视哲学。

毛泽东同志是非常重视哲学的,他自己就是一个伟大哲学家。习近平总书记同样高度重视哲学社会科学,他在哲学社会科学工作座谈会的讲话中历数的中外文化名人中,不少就是哲学大家。他在中央政治局集体学习历史唯物主义基本原理和方法论时的讲话中强调:"党的各级领导干部特别是高级干部,要原原本本学习和研读经典著作,努力把马克思主义哲学作为自己的看家本领。"应该说,我们的党、我们的国家是高度重视哲学社会科学的。习近平总书记也非常重视中华优秀传统文化,尤其是其中的哲学智慧。随着封建君主制的结束,儒家作为国家主导意识形态的功能已不复存在,但其中包含的丰富的道德伦理和治国理政思想,仍然是中华民族优秀文化的重要构成部分。中国共产党继承儒学中的优秀文化,但不会延续儒家道统。在中国共产党及其领导人心中,马克思主义哲学,包括中外优秀哲学智慧占有着极其重要的地位。

可是,市场经济的需要与国家的需要存在着较大的不同。市场经济对于推动生产力的发展,增加社会物质财富,解决商品短缺和匮乏具有重大作用。社会主义社会同样要建立市场经济,这是生产社会化的历史必然。中国有13亿多人口,其中还有大量贫困人口,发展经济仍然是第一要务。市场经济下财富的积累,有助于社会主义文化的投入，从而有助于哲学的发展。但是市场经济就其本身的主导作用来说，一定会把那些能直接为资本获得最高效益的学科推到前台，而把不能直接为市场需要的学科往后挤。无论是私人资本还是集体资本都是一样的。对"无一技之长"的哲学来说，要在受市场支配的各个行业中找到充分就业的位置，很难。在市场需要的指挥棒下，高校各个不同学科冷热排名的洗牌是难以阻挡的。企业要获得最大效益，当然急需为获得最大效益服务的学科的毕业生。资本对科技的需要，或者对财会人员的需要，对法律的需要，对经济、金融、管理、投资、证券等各种专业人才的需要，肯定要比对一个亚里士多德式人才的需要更为迫切、更为现实。这无关企业家的个人爱好。一个企业家，其个人可以非常喜欢诗歌、喜欢文学、喜欢哲学，这是他个人的爱好，但资本的本性并不喜欢文学、诗歌、哲学，而是喜爱利润，除非文化产品能转变为文化商品，能为资本带来巨大的利润。对市场来说，具有决定意义的是资本的本性，而不是作为资本人格化的个人的嗜好。任由资本选择，把并非市场急需的学科或人才往后挤，这是资本运作的铁的规律。

个人的需要与市场经济的需要、国家的需要又不完全相同，它既有个人兴趣和爱好的问题，又有谋生的问题。但在市场经济条件下，个人对专业的选择会受市场经济影响，甚至会受市场需要的支配。对许多学生包括考生家长来说，个人需要的标准，往往是最好的学科就是能在市场上找到最好岗位的学科，而最好的岗位就是工资最高、待遇最好的岗位，这是个人生活的现实需要。这种完全以市场为导向的专业选择，往往会压制个人的兴趣和爱好。一切为生活而奋斗、为工资而奋斗,对人文学科的发展是极其不利的。这也就是黑格尔说的,人们太重视尘世的利益,而对精神活动的价值越来越疏远。

这三种需要,即国家民族需要、市场需要、个人需要存在的矛盾形成一个夹缝,哲学就处在这个矛盾的夹缝之中。往往是市场的需要和受市场影响下个人就业的需要,压倒许多人对哲学的爱好、对精神的需求,压倒个人的兴趣和可发掘的哲学潜在才能。与哲学谈谈"恋爱"可以,要与哲学"结婚",终身以哲学为业、过清寒的生活,没有费尔巴哈那种绝对的爱好和价值理想追求,是很难做到的。

国家和民族的需要,代表的是民族的整体发展的需要;市场的需要,是企业经济效益的需要;而个人的需要,是满足个人现实生活的需求。按道理说,在这三种需要中,最重要的是国家和民族的需要。国家代表的是全体人民,它的需要是全面的。既要考虑经济发展,又要考虑人民的整体的人文和道德素质。社会主义核心价值观体现的就是家国情怀,是国家、集体、个人的统一。社会主义国家的目光是长远的,它要考虑到民族的发展和前途,考虑到中华民族伟大复兴、中华民族优秀传统文化的复兴,考虑到全体中国人的人文素质提升和中华文明的发展。

对于国家和民族来说,一个贫困而有卓越成就的哲学家对民族精神的贡献,是任何一个亿万富翁、任何达官贵人都无法相比的。人们至今仍然记得古希腊罗马的那些大哲学家,苏格拉底、柏拉图、亚里士多德,记得中国的孔孟老庄。庄子穷得借米下锅,孔子靠收学生的十条腊肉学费为生,但他们对民族的贡献是无与伦比的。他们是民族精神的塑造者,是民族永远的骄傲。

市场中企业的需要是追求现实的经济效益,是近期的;个人的需要往往是当下生活改善,是短视的。一个真正对哲学具有高度爱好和兴趣的人,不应该仅仅为了高工资而牺牲自己的爱好。真正在学术上有成就的人,他们不会屈从世俗鄙视的目光,也不会只关注自己的物质生活,而更重视自己的兴趣、爱好和才能,重视对国家、对民族的贡献。

在市场经济条件下,个人对专业的选择应该重视理想和信仰追求。前面提到的费尔巴哈不顾父亲的反对选择哲学,终于成为对人类做出伟大贡献的哲学家。马克思的父亲也是律师,马克思在波恩大学、柏林大学读的都是法律专业。随着资本主义的发展,学法律当然比学哲学吃香。马克思虽然读法律,但他对哲学可以说是痴迷。他在波恩大学钻研康德、费希特,后来转向黑格尔,如醉如痴,几近疯狂。他在给父亲的信中倾诉了对哲学的"钟情"——"没有哲学,我就不能前进"。转到柏林大学后,更是如此。马克思终于成为马克思主义的缔造者,成为千年伟人。如果像费尔巴哈和马克思这样的天才人物,屈从世俗观念,追求所谓体面生活,也许多了一个后世不知其名的费尔巴哈律师,少了一个在哲学史上重新恢复唯物主义权威的伟大哲学家;多了一个子承父业的马克思律师,少了一个新哲学创造者。

资本主义发展史证明,物质欲望的膨胀和对消费的无限追求,可以使一些有才能的人由于屈从物质生活而牺牲自己的哲学才能。这种情况,在我们这里也难以完全避免,但有志气的青年应该具有更远大的眼光。笔者总是劝自己的学生认真读读马克思的中

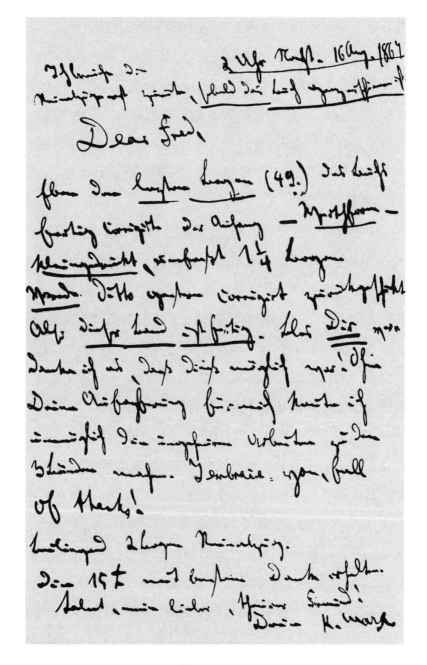

马克思写给恩格斯的信

学毕业论文《青年在选择职业时的考虑》,这对市场经济条件下如何选择职业有指导意义。马克思说,"选择一种使我们最有尊严的职业,选择一种建立在我们深信其正确的思想上的职业;选择一种能给我们提供广阔场所来为人类进行活动、接近这个共同目标即完美境地的职业。""如果我们选择了最能为人类福利而劳动的职业,那么,重担就不能把我们压倒,因为这是为大家而献身;那时我们所感到的就不是可怜的、有限的、自私的乐趣,我们的幸福将属于千百万人,我们的事业将默默地,但是永恒发挥作用地存在下去,而面对我们的骨灰,高尚的人们将洒下热泪。"

哲学需要有孔颜乐处的精神。哲学家个人的清苦和贫困顶多是个人的不幸,而如果一个民族的哲学贫困,则是整个民族的不幸。我们至今仍然对中华民族历史上众多哲学家怀有一种民族自豪感,原因正在于此。

三、精神家园的重建与中国哲学的前景

哲学在社会地位上陷入困境,导致昔日皇冠上的明珠,现在变为某些人眼中的沙石。是不是中国经济越发展,越不需要哲学呢,哲学系学生越没有前途呢? 事情恰恰相反。

中国市场经济越发达,物质财富越多,越需要关注精神的需求。市场可以解决商品短缺、物资匮乏问题,但不能解决精神贫乏问题。有钱,可以从市场买到自己所需要的东西;尤其是现在的电子商务,你可以买到全国甚至世界各国的东西,可是我们不可能从市场上购买精神。

人是需要有点精神的。人的精神需要有个安放之处。在西方,经济社会越发展,灵与肉的矛盾也越来越严重。肉体的需要可以在市场上得到满足。把肉体交给市场,尽情消费、享受;把心灵的需要交给上帝,交给教堂,在上帝面前虔诚忏悔。这是当代资本主义社会的现实。我们的精神同样需要有个安放之处。宋代朱熹在《答张敬夫书》中提出安身立命问题:"而今而后,乃知浩浩大化之中,自家自有个安宅,正是自家安身立命、主宰知觉处,所以立大本行达道之枢要,所谓体用一源,显微无间,乃在于此。"科学解决不了这个问题,市场更解决不了这个问题。在西方,只有求助于宗教。在西方,宗教确实起着安抚精神的作用。但我们不能走这条路。

改革开放以来,物质丰富了,但上教堂的人也越来越多了,进寺庙烧香拜佛的人越来越多了,口诵南无,手捻串珠的人不少见,现在还流行"佛系"什么的。当然,信教是个人的自由,一个真正有宗教信仰、注重道德修养、一心向善的信众是受人敬重的。但我们从这种现象中窥视到的不仅是宗教信仰问题,而是当代中国一些人正在寻找精神安顿之处。等而下之的是信大师、信大仙、信风水,甚至信来世、信天象,都折射出灵魂的某种强烈需求。不过这不是精致的需求,而是粗陋、低俗、功利性的精神满足。在微信群里转来转去的各种心灵鸡汤,良莠不齐,不少是群发性的精神的恐慌和缺失的表现。中国是社会主义国家,当然不能以宗教作为安身立命之学,同样不能把儒学变为儒教,但必须重建以人文文化为核心的精神家园。

当前我们面对的是社会道德某种程度的滑坡和价值观念的混

乱与信仰的丧失。说到底,这就是精神家园受到破坏,一些人精神缺少坚如磐石的安放之处。对一个国家和民族来说,精神危机是最严重的危机,也是最危险的危机。社会道德滑坡、价值观念颠倒影响的可以是整整一代人,而受影响的一代,又会成为影响下一代人的思想土壤。如果代代相继,这个民族的素质就会恶化。滑坡,这个词很形象,也很贴切,就像从山上往下滚的石头,不采取有效措施,它不会自动停止。党中央已充分认识到这个危害的严重性,并正在采取措施扭转这种现象。

笔者坚定相信,在市场就业导向下,哲学可以由热变冷;但随着人们的精神家园的重建,随着过度消费引发的精神饥渴症的发作,哲学作为世界观、人生观、价值观,作为思维方式的需要,一定会由冷变热。经济越发展,哲学,尤其是马克思主义哲学作为精神压舱石的作用会越重要。我们生活在一个最需要哲学的时代,但我们并不自觉。当代信仰的缺失、理想的动摇、道德的错位、价值观的颠倒是社会经济转型期的某种并发症,是前进中的倒退。我们生活在真正需要哲学的时代,偏偏由于种种原因哲学专业被冷落。

对于这种现象,作为一个哲学工作者,笔者经常进行自我追问:我们是一群什么样的人? 我们是否尽到了自己的社会责任? 笔者认为,哲学各学科片面专业化和自我封闭,哲学人才的知识结构单一化,哲学研究的自我娱乐化,都是我们必须严肃面对的问题。

在中外哲学史上,有名的哲学家并不是专业哲学家,更不是学院派的哲学家。孔孟老庄、二程陆王、黄宗羲、王夫之,以及康有为、梁启超,等等,都是或向当权者推行自己的政治理想,或为高官、改革家、革命家。王阳明上马能平叛戡乱,下马能从政为文,贬谪能沉思悟道。古代哲学家都是文史兼通、能言能行,对社会、政治、人情、世情、国情有深切理解,有理想有抱负。而不是寻章摘句、皓首穷经、老死书斋的所谓专业哲学家。哲学成为专业,在中国始自 1912 年北京大学的"哲学门"。有了哲学系以后,哲学才开始成为专业。

在西方同样是如此。哲学专门人才的出现是伴随近代教育世俗化而来的。苏格拉底之前的哲学家是自然哲学家,对自然科学有贡献;苏格拉底、柏拉图和亚里士多德都关注城邦的政治和公共生活;中世纪主要是神学,神学院培养的是神学家,哲学是神学的婢女,是为神学服务的。18 世纪以后出现的一些大哲学家,洛克、休谟、笛卡尔、斯宾诺莎、莱布尼茨都不是教会或大学哲学系培养的,他们都具有精深的科学素养,与自然科学群体联系反而紧密。德国古典哲学家包括康德、费希特、谢林、黑格尔、费尔巴哈都出自大学,但他们不单纯是学院派哲学家,他们都从哲学角度关注德国的社会现实或重大的哲学问题,他们的哲学成为时代精神的精华,被称为德国政治变革的先导。自 19 世纪以后,西方哲学家变为专业化、职业化和学院派的哲学家。与前辈相比,真正从大学哲学系出来的哲学大家极其罕见。问题并不在于哲学成为哲学系科和培养专门哲学人才,而在于哲学家自己一旦成为只关注书本而脱离社会,对自己所处时代的问题,无论是现实问题,抑或重大哲学问题冷漠,而热衷于从头脑中构建体系的哲学家,这种哲学家终究会成为时代的弃儿。

我们大学的哲学系不应该培养学院派哲学家。我们的哲学老师，我们哲学系的学生，无论是大学生，还是硕士、博士，都应该关注社会、关注现实、关注生活，不能只关注书本，应该有从现实中捕捉哲学问题的本领，而不能从书本的字里行间中寻找微言大义，从概念到概念构筑所谓哲学新体系。这是在沙滩上搞建筑，不管乍看起来多么雄伟，几脚就可以踹倒。

当代中国，哲学系已经是一个哲学大家族。20 世纪 50 年代辩证唯物主义和历史唯物主义教研室一枝独秀，而现在是包括八个二级学科的一级学科。这个变化是哲学学科的进步和发展，但也容易带来一个问题，那就是各个二级科学筑垒自守、彼此隔绝。如何在发展各个二级学科的同时，使各个二级学科研究形成一股合力，推动当代中国哲学的发展，仍然是一个没有解决的问题。尤其是如何发挥马克思主义在各个二级学科中的指导作用，也是一个有待解决的问题。中国的哲学院系的各个二级学科，如果拒绝马克思主义作为基本理论和方法论作用，就不是社会主义中国的哲学院。这种哲学院与西方哲学系有何区别？如果我们的哲学研究缺少创造性思维，没有为祖国为人民立德立言的推动力，即使能炮制一些不具有任何现实价值或理论价值的论文，或者构建一个从概念到概念的哲学体系，最多只能在同行圈子里相互欣赏，走不出书房，走不出朋友圈子，作用极其有限。这种哲学研究由于缺少创造性，像尼采说的，是"从瓶子里倒水"，从"一个瓶子"里倒到"另一个瓶子"里。

马克思主义哲学是最具创造性的哲学。因为它立足生活，面对社会问题。它不是倒水，不是把一个瓶子里的水倒到自己的瓶子里,而是从生活中,从科学发展、从社会发展和社会科学成就中提炼出新的问题。它是以问题为导向,而不是以书本为导向。马克思和恩格斯从资本主义社会向何处去,人类向何处去,无产阶级和人类如何获得解放,如何才能实现一个人的自由全面发展这些问题出发,来建立马克思主义哲学学说。毛泽东同志的《实践论》《矛盾论》《关于正确处理人民内部矛盾的问题》,以及他的其他哲学著作,都是立足中国实际和中国问题来思考哲学问题。哲学的创造性当然有继承性,但不是从瓶子里倒水的那种继承性。毛泽东同志强调的是马克思主义的中国化,是马克思主义与中国实际相结合。结合完全不同于从瓶子里倒水。倒水,仍然是水;而结合,是创造性发展。

哲学,无论是马克思主义哲学、中国传统哲学、西方哲学,在中国都有发展空间和光明的前景。制定方针政策需要,各级干部需要,通识教育需要。尤其是面对全体学生的思想政治理论课,不能缺少哲学。有人说,作为思想政治课的哲学不是哲学,而是洗脑学。洗脑很难听,因为洗脑通常理解为思想和精神控制。但我可以理直气壮地说,思想政治理论课就包括"洗脑",它"清洗"的是学生头脑中的错误思想。西方教育不洗脑吗,不是宣传它们的爱国主义吗?不是以各种方式宣传西方价值观吗?不是通过学校和各种舆论手段天天在进行洗脑吗?为什么我们用社会主义核心价值观,用科学世界观、人生观和价值观教育我们的青年人就被贬为洗脑呢?就被视为反对学术自由、反对独立思考呢?脑是要洗的,以免沾满污垢。问题是用来洗脑的水是清水还是脏水,是真理还是谎言,是科学还是偏见,使人们精神向上还是往下坠落。我们就是要加强思想政治教育,这是有关培养什么样的人、为谁培养人的大问题。我们不怕西方说三道四,也不怕国内有人附和。我们的哲学要发挥哲学的特长,用科学世界观和思维方法来武装我们学生们的头脑。

当年毛泽东同志说,让哲学从哲学家的课堂和书本里解放出来,变为群众手中的武器。这句话的真实含义不是不要课堂,不要书本,而是不要走学院派的道路。正如文学要走出象牙之塔一样,哲学也应该从神圣的哲学殿堂里走出来。心中有人民,心中有国家,以问题为导向,真正进行创造性的哲学研究,把研究成果变为民族的宝贵财富和培养与提高全民人文素质的现实哲学智慧,这是一条宽阔的无限向前延伸的哲学之路。13亿多人口的中国,真正的哲学人才不是太多而是太少,哲学在社会主义中国有无限发展的空间。

第八讲　文化自信的本质与当代意义

　　有个学生问我：什么是文化自信，文化自信的主体是谁，信什么？我参观故宫看到的是琳琅满目的珍藏国宝，无非是展品；参观长城，巍峨雄伟，气势逼人，无非是旅游景点；参观国家图书馆，诸子百家，各种类书汗牛充栋，无非是藏书，放在书店就是文化商品，在课堂里就是课本。凡此种种与文化自信有什么关系？他深感困惑。

　　习近平总书记在党的十九大报告中提出要"引导人们树立正确的历史观、民族观、国家观、文化观"。这为我们从理论上阐明文化自信提供了重要指导。文化自信是对中华文化的历史起源、发展、精神特质和精髓的总体性判断,是秉持对中华文化的科学、礼敬、继承、创造性推进的基本立场和态度。只有坚持历史唯物主义文化观、立足于国家和民族的前途与命运高度才能理解文化自信问题,否则我们看到的只是文化的物质载体或各种文化具体的物化形态,彼此分离,一枝一叶,无法把握中国文化的内在总体精神和文化自信问题的当代价值。"不谋全局者,不足谋一域。"在文化自信的理解上也是这样。

一、文化自信:新时代的大问题

文化问题的研究具有时代性。不同时代提出什么样的文化问题是时代的反映。文化问题的研究,随着社会时代不同会提出不同的问题,而不同问题显出不同的时代特征。

如果说,斯宾格勒的《西方的没落》,反映的是对西方资本主义社会发展前途的失望,而亨廷顿的《文明冲突论》则是西方把由于向外扩张引发的矛盾转变为以文明冲突作辩护的政治需要;西方马克思主义和西方"新左派"对文化问题的研究,是由于无力为解决资本主义问题找到出路,聚焦于对西方资本主义发达工业社会的文化批判。在当代,文化成为一个世界热点问题是与资本主义工业化、城市化所引发的精神失衡相联系,与道德失范、审美价值失落、信仰缺失相关。总之,人们的精神处于一种饥渴状态,对人文精神的追求大大促进了文化的研究。在世界范围内,文化问题研究属于文化学范围,是文化学者们的任务。

西方不存在特别突出的文化自信问题。几百年来,西方一些发达资本主义国家处于强势地位,向外输出所谓西方文明,对它们来说,主要是存在文化自大和文化霸权。西方文明优越论和以救世主的姿态向外输出西方文明与文化殖民,是西方资本主义世界几百年中处于主导地位的文化观。虽然近些年也有学者写过关于西方文化衰落的著作,如美国学者阿瑟·赫尔曼的《文明衰落论——西方文化悲观主义的形成与演变》,但只是对历史上几位哲学家关于西方文化衰落的叙述,跟文化自信问题没有特别直接的关联。

文化自信问题在当代中国之所以成为一个问题,既是基于近代先进的中国人在民族苦难和奋斗中民族自强和文化自觉的展示,又是当代中国面临的民族伟大复兴对文化自信和文化自觉的迫切需要;既是对全体中国人树立文化自强自信心的鼓舞,又是对当代一切否定中华民族文化的回击,包括一百多年由于受侵略受压迫造成的某些人中残存的民族自卑情结的解扣。现在国内国外、网上网下都有些言论,贬低中华文化,否定中华民族的历史贡献,否定近代以来中国人民的奋斗史、歪曲中国共产党的历史、中华人民共和国历史,歪曲改革开放历史,对中国人民和中华民族的优秀文化和光荣历史,要加大正面宣传力度,增强做中国人的骨气。习近平总书记强调:"坚定文化自信,是事关国运兴衰、事关文化安全、事关民族精神独立的大问题"。"大问题"这个提法是对文化自信问题在中国特色社会主义建设中所处重要地位的重大判断。

"四个自信"是习近平新时代中国特色社会主义思想的重要

组成部分,是以习近平同志为核心的党中央擘画未来,绘制蓝图,为中国实现社会主义现代化强国,实现中华民族伟大复兴而奋斗的理论和精神支柱。尤其是其中的文化自信,由于文化的特殊本质和功能,发挥着更基础、更广泛、更深厚的作用,因而对道路自信、理论自信和制度自信具有文化和精神支撑作用,与坚持中国特色社会主义道路、理论、制度具有不可分割的内在联系,构成习近平新时代中国特色社会主义思想的重要组成部分。正如习近平总书记指出的:"增强文化自觉和文化自信,是坚定道路自信、理论自信、制度自信的题中应有之义。"

坚定文化自信,就是坚定民族的自尊、自强。中国现在已经不再像旧中国那样在世界政治舞台缺位,或扮演敬陪末座没有发言权的小媳妇角色,而是带着中国特色社会主义建设的伟大成就,带着构建人类命运共同体的主张,带着解决世界面临的问题的中国方案、建议和话语,自信地走向世界政治舞台的中心。离开党的十九大提出的主题,离开习近平新时代中国特色社会主义思想的总体构思,离开当代中国面对的意识形态领域中的斗争,我们就弄不清文化自信何以是"大问题"这一重大判断。

二、谁的自信:中国共产党和中华民族的自信

文化自信,当然不是文化的自我自信。文化并非主体,主体是人。在当代中国,文化自信的主体是中国共产党和中华民族。中国共产党是中国革命、社会主义建设、改革开放的领导者,也是中华优秀传统文化的继承者和创新者,是红色文化和社会主义先进

文化的创建者。在当代中国,中国共产党代表社会主义先进文化的前进方向,离开中国共产党领导下的革命胜利,当然不可能有文化自信。

中国共产党是中国工人阶级的先锋队,同时是中国人民和中华民族的先锋队。中国共产党的自信是深深植根于我们民族的文化血脉之中的,是从人民的拥护和爱戴支持中吸取力量的。中国共产党的文化自信,同时是中华民族的自信和中国人民的自信。文化自信的主体,是中国共产党、中国人民和中华民族的统一。其中,由于以马克思主义为指导,中国共产党的成立是中国开天辟地的大事,它是汇集了中华民族优秀儿女的有理论、有组织、有纪律,站在时代前列、引导时代潮流的政治集团,因而成为中华民族和中国人民的领导核心,是文化自信的主体。要问文化自信是谁的自信,首先是中国共产党人的自信。

当然,中国共产党的文化自信主体地位和中华民族作为文化自信主体地位是一致的。中国共产党人是中华民族的优秀儿女。没有中华民族的文化自信,就不可能孕育和培养中国共产党人的文化自信。文化具有地区性,不同地区有不同的地区文化;民族有民族文化,中国各个民族有自己的民族文化。地区文化,具有地区性,它的范围可以界定;各个民族文化具有鲜明的民族性,可以识别。但中华各民族有自己的共同的主体文化。中华民族文化不是各民族文化的叠加、总和,而是各民族文化长时期逐渐融合而成的占主导地位的文化,是既超越地区、超越民族又体现在地区文化和民族文化之中的中华各民族的共同的文化。因而中华民族共同文化也就是中华文化。习近平总书记指出"中华民族有着强大的文化创造力。每到重大历史关头，文化都能感国运之变化、立时代之潮头、发时代之先声，为亿万人民、为伟大祖国鼓与呼"。中国共产党的品格就代表了中华民族的不屈不挠、自强不息的民族品格。中国共产党人的文化自信就是凝聚并代表中华民族的文化自信。

文化自信不能离开国家。正确的文化观不能离开正确的国家观。国家对于共同文化的形成和认同至关重要。要形成和维护一个统一的中华民族文化，必然要有一个统一的而非分裂的国家。民族是文化的主体，而文化是民族的灵魂，中国各民族的生存和发展离不开统一而强大的国家保障。当一个国家被消灭或处于分裂时，它的文化发展也会中断。世界四大文明古国，只有中国文化没有中断，因为中国自古至今始终是中国。中国人是龙的传人。中国有过分裂，但统一是主导的。即使当时存在不同的民族政权，它仍然处于中国这个大的疆域之内，因而极容易统一，中华民族的文化保存和继承相对完好。历史证明，当国家分裂，文化发展的血脉会中断，何谈文化自信！

当代中国的文化自信，同时是中国人民的文化自信。或许有人说，这是空话。你看近百年来中国人是一盘散沙，是用革命烈士的血蘸馒头治病的愚民，是围观看杀头的看客。不错，鲁迅先生曾经深刻批评这种国民劣根性，但他不是把批评矛头指向人民，而是批判旧的社会和旧的制度。鲁迅没有失去对中国人和中华民族的自信。他说过："我们自古以来，就有埋头苦干的人，有拼命硬干的人，有为民请命的人，有舍身求法的人……这就是中国的脊梁"。强调，中国并没失掉民族自信力。近代中国人的一盘散沙是统治者的"治绩"。中国近代表现的国民劣根性并非中国人本

挂在马克思在柏林大学上学期间居住过的路易森街 60 号墙上的纪念牌

质特性，而是朝廷腐败和社会腐败的"治绩"。

中国共产党坚持历史唯物主义，始终坚持马克思主义的人民群众观点。"我们中国人是有骨气的。"毛泽东说："自从中国人学会了马克思列宁主义以后，中国人在精神上就由被动转入主动。从这时起，近代世界历史上那种看不起中国人，看不起中国文化的时代应当完结了。伟大的胜利的中国人民解放战争和人民大革命，已经复兴了并正在复兴着伟大的中国人民的文化。这种中国人民的文化，就其精神方面来说，已经超过了整个资本主义的世界。"不依靠人民，不以人民为中心，所谓中国共产党人的文化自信，就会是一句空话。

文化自信当然包含人数众多的与人民同呼吸共命运的知识分子和文化人的自信。各个文化专业领域的专家、学者、非物质文化的创造者和传人都能从自己专业领域发现文化自信的历史根源和文化传统,也都能以自己的创造性贡献强化人民的文化自信。改革开放以来,尤其是党的十八大以来,中国学者和专家以一个拥有丰富文化传统和当代文化的文化自信大国学者参与世界的文化交流极为平常。可以预期,在世界文化学术论坛和文化交流中,中国学者会日渐增多。单面输入和接受的时代已经结束。中国学者广泛参与世界文化的交流,就是文化自信的一种表现。

当然,我们不能把文化自信问题只归结为文化人的自信。我们有些学者津津乐道民国时的学者如何如何,仿佛那时是中国文化的鼎盛时期,中国有着充分的文化自信。这是一种错误的历史观和文化观。毫无疑问,民国时期出现过一些有贡献的著名学者,中国人不会忘记他们的文化功绩和学术贡献。但是当时的中国,国势孱弱,文盲众多,是在国际上没有发言权的中国。如此中国,中国人的文化自信、中华民族的文化自信从何而来? 仅仅靠少数文化名人,不可能撑起民族自信的大厦。

文化自信问题不仅属于文化,它与国家的强大、民族的独立不可分。在 20 世纪 30 年代,曾发生过中国文化的出路何在的争论,参加者主要是文化学者,无论是全盘西化论者还是中国文化本位主义者,都无法真正确立中国文化的自信。全盘西化论者固不用说,即使文化本土派也并未真正理解中华传统文化的精髓所在。在文化范围内争论中国文化出路和自信问题是不可能解决的。毛泽东在 1940 年撰写的《新民主主义论》,站在马克思主义文化观的高度,把文化问题与中国向何处去的问题,与中国出路联系在一起讨论。《新民主主义论》第一章开头提出的就是"中国向何处去"的问题,紧接着第二节的标题是"我们要建立一个新中国"。并且明确提出了中国文化的领导权和指导思想:这种文化"只能由无产阶级的文化思想即共产主义思想去领导,任何别的阶级的文化思想都是不能领导的"。中国向何处去的问题不解决,中国不获得解放,不建立社会主义制度,是不可能实现中华民族文化伟大复兴、重新树立民族文化自信的。

三、信什么:中国文化特有的精神标识

要坚定文化自信,不能只看到物,看到文化的载体,而要理解中华文化的深层内涵。无论是文物还是典籍,都只是文化的载体,文化的主体是人,而灵魂是载体中的内在精神。如果我们从故宫无数国宝的藏品中,从难以计数的中华优秀传统经典中,从万里长城和中国历朝种种巧夺天工的文物和建筑中,看不到其中蕴藏的中华民族的创造力,看不到其中蕴含的中国精神、中国智慧、中国理念,当然无法理解为什么能从中获得树立文化自信的信心。因为文化自信,是对中国历史和无数经典中包含的丰富哲学智慧和政治智慧、丰富的历史经验和治国理政理念,从如此多的巧夺天工的文物中,体悟到经典中包含的作为独特标识的中国精神、中国智慧、中国理念,从物质文化的创造物中发现中华民族的创造力和生命力。

中华文化丰富的内涵和精髓,可不是走马观花式地参观、旅游,漫不经心地阅读能把握的,需要正确的文化观和理解水平。在艺术品市场的拍卖中,我们从艺术品市场对一幅字画、一件青铜

器、一件名贵窑瓷的天价中,惊讶地看到它的商业价值,但不意味着懂得它的文化价值,更何况有能力把这些被拍卖的艺术品与文化自信联系在一起。马克思说过,"贩卖矿物的商人只看到矿物的商业价值,而看不到矿物的美和特性","对于没有音乐感的耳朵来说,最美的音乐也毫无意义"。文化的本质和文化自信是建立在对中国文化载体中内在蕴藏的中国精神、中国智慧和中国理念的总体性理解基础上的。它体现在中国物质文化和非物质文化中,贯穿于中华优秀传统文化、红色文化和社会主义先进文化之中。

为什么毛泽东在《中国革命和中国共产党》这样一本论述中国革命和中国共产党的书中要从中国历史开始,说"在中华民族的开发史上,有素称发达的农业和手工业,有许多伟大思想家、科学家、发明家、政治家、军事家、文学家、艺术家,有丰富多彩的文化典籍。在很早的时候,中国就有了指南针的发明。还在一千八百年前,已经发明了造纸法。在一千三百年前,已经发明了刻板印刷。在八百年前,更发明了活字印刷。火药的应用,也在欧洲人之前。所以,中国是世界文明发达最早的国家之一,中国已有了将近四千年的有文字可考的历史。"毛泽东如此充满信心地重述中国历史、中国的文明发展史和文化发展史,为对中华民族做出卓越贡献的人物而自豪,就是因为中国的历史,中国的文明史、文化史、发明创造史和历史杰出人物,体现的是中华民族自强不息的奋斗精神、巨大的创造力和丰富的智慧。我们的先人能做到的,我们中国共产党人一定能做到,一定会不辱先人,继承这种精神,完成中国革命大业并继续建设一个美好的新中国。

　　传统是非常重要的。从个人来说，从生到死有一定的时间段，人人如此。唯独传统和内在于传统的伟大精神、智慧与理念没有时间段，它超越时间。你看，孔孟老庄已经逝世两千多年，唐宋八大家，李（白）、杜（甫）、王（维）、白（居易）、苏（轼）、辛（弃疾）、陆（游）、姜（白石）这些著名诗人词人，也都逝世近千年，至于许多国宝的年代难以确定，都是古董。可文化并不会因为年代久远而丧失它的价值。其中承载的思想仍然在哺育一代代中国人，后人从阅读、诠释中理解其中蕴藏的精神、智慧和理念。流传至今的古代文物中保留的文化信息仍然存在，它的精美绝伦技艺和艺术精神仍然在向当代人传达我们祖先的智慧和创造力。现在不是在呼唤工匠精神吗，看看我们祖先制造的青铜器、四大名瓷，看看景泰蓝，看看种种光彩夺目、令人叹为观止的工艺制品，那才是真正的工匠精神。我想起了《庄子·知北游》中的"大马捶钩"的故事："大马之捶钩者，年八十矣，而不失豪芒"，一生"于物无视也，非钩无察也"。庄子别有寓意，但就捶钩技术来说，也算是一种"精于一"的工匠精神。农业时代的工艺也许过时，但这种一丝不苟精益求精的精神，对处于工业化或后工业化时代的我们，仍然具有榜样作用。

　　有些人指摘马克思主义哲学是机械唯物主义，认为它不承认精神、思想和理念的作用，这不是误解就是有意曲解。马克思主义的唯物主义是辩证唯物主义，它主张社会存在决定社会意识，但高度重视社会意识的能动作用。马克思的名言："哲学把无产阶级当作自己的物质武器，同样，无产阶级也把哲学当作自己的精神武器。"你看，马克思承认精神是一种武器，承认思想的能量如电闪雷鸣。它一旦沁入人的心灵，就会发挥无比巨大的威力。在我看来，没有一种哲学比马克思主义哲学更重视人的主观能动性。不承认精神作用的"马克思主义"，是对马克思主义的嘲弄。中国古人都懂，"夫形者，生之舍也；气者，体之充也；神者，生之制也。一失位，则三者俱伤矣"。"此三者，不可不慎守也。"

有人说，现在我们不是已经全盘西化了吗，还讲什么中国的文化自信？我们穿西装、吃西餐，我们乘坐的飞机、高铁，使用的手机、电话等等，不都是源自西方吗？各个民族的文明从来都是相互影响的。我们可以说"胡化"，我们许多蔬菜水果源自当时的西域；我们也可以说，日本、韩国和越南汉化、唐化；也可以说，现在的西方正在中国化，因为我们的日用产品，包括具备技术含量的高端产品不断出口到西方，到处可以看到"中国制造"甚至是"中国创造"。把文明的传播、相互引进借鉴和全盘西化混为一谈当然是错误的。全盘西化的本义不是指文明和文化的交流，而是指抛弃自己的民族文化传统和历史传统，企图变成另一个国家的翻版。这是不可能的。我们的改革开放让中国参与世界性交往，但中国仍然是中国，中国文化仍然是中国文化。

没有一个民族能完全抛弃自己的文化传统，因为文化融于血脉之中，成为民族的灵魂。我们的生活方式，我们的绘画，我们的文学艺术——总之，凡是中国人在灵魂深处都会有中国文化的胎记，中国人的创作不可能完全脱离中国传统的影响，都会在不同程度上保有我们文化的民族特色。当然，我们并不排斥西方文化，相反我们应该吸取西方优秀文化，但它不能改变中国文化的民族特色。毛泽东在与音乐工作者的谈话中用织帽子来比喻，说学外国

马克思（1872 年上半年于伦敦）

织帽子的方法，要织中国的帽子。外国有用的东西，都要学到，用来改进和发扬中国的东西，创造中国独特的新东西。还说，应该越搞越中国化，而不是越搞越洋化。洋为中用，这是毛泽东的一贯主张。

文化自信当然包括对中国革命斗争中创造的红色文化的自信。红色文化和我们的实际生活，和实际斗争是紧紧结合在一起的。我们不是生活在古代中国，而是生活在现代中国。由于不存在时代的隔膜，它们用不着诠释、解读、争论、辨伪、考证，或各自立说，更容易为人民理解和接受。《红色家书》和《烈士诗抄》中一封封充满家国情怀的家书，一首首充满炽热革命激情的绝命诗，其中包含的杀身成仁、舍生取义、视死如归的精神，继承了中国传统文化中移孝作忠的爱国主义精神，更具有现实的教育意义。习近平总书记多次指出，"中国革命历史是最好的营养剂"，"历史是最好的教科书"，强调"要把红色资源利用好、把红色传统发扬好、把红色基因传承好"。习近平总书记赞扬红船精神是中国革命精神之源：中国共产党历史上形成优良的革命精神,无不与之有着直接的渊源关系。无论是井冈山精神、长征精神、延安精神、西柏坡精神,都是红船精神的继续发扬。红船精神的核心就是革命精神,是共产主义的理想和信仰。

文化自信是不能断流的。在社会主义条件下,文化自信当然要更重视对社会主义先进文化的自信。它是植根于优秀传统文化,直接继承"红船精神"开辟的革命文化,又是基于中国社会主义建设实践的新的文化。社会主义社会是人类社会发展的新形态,人类历史从来没有出现过的社会形态。如果说,社会主义社会是人类社会发展的规律,是预示着人类发展的总方向,那社会主义文化就是一种更具先进性的文化,具有人类文化发展方向的导向性的文化。社会主义先进文化正在建设中。体现社会主义先进文化精神和社会主义核心价值观的模范人物、道德榜样,就在我们生活中。

如果要问文化自信究竟信的是什么? 可以肯定地回答:信的是中华优秀传统文化内含的中国精神、中国智慧和中国理念,信的是红色文化中的革命精神和共产主义理想和信念,信的是把国家、社会和个人提升到以社会主义核心价值观为主导的社会主义文化的先进性。

四、文化自信的使命:建立社会主义文化强国

中国历史上本来就是文化古国、文化大国、文化强国。近百年的苦难和列强侵略掠夺,使中国国弱民穷、科学落后、文盲遍地,文

明古国成为文化弱国。中国人民解放战争的胜利使中国人民站起来了，经过六十多年的社会主义建设和改革，中国迎来了富起来、强起来的新时代。

习近平总书记在党的十九大报告中强调要"不忘初心，牢记使命"。习近平总书记掷地有声的誓言，代表中国共产党为中华民族伟大复兴而奋斗的决心，也代表了近百年来中国历史上为中华民族文化复兴而前仆后继、英勇牺牲的烈士的初心。中国共产党从来没有忘记自己的初心，没有忘记无数曾经为中华民族的复兴，为建立自由、民主、独立的强大中国而牺牲的烈士。矗立在天安门广场中心的人民英雄纪念碑上镌刻着的碑文，就是要子孙后代牢记为革命而牺牲的先烈的初心。

不忘初心，也是近百年来革命烈士头可断、血可流，永不动摇、奋斗到底的决心。我想起了秋瑾的咏梅诗："冰姿不怕雪霜侵，羞傍琼楼傍古岑。标格原因独立好，肯教富贵负初心?"秋瑾是为革命而牺牲的女中豪杰，她的初心就是推翻腐败的清政府，追求国家的自由和富强。秋瑾以自己在浙江绍兴轩亭口英勇就义，诠释了自己的不忘初心，也代表了一大批民主革命时期为中国革命牺牲的烈士的初心。

中国共产党不忘初心，牢记使命，实现中华民族伟大复兴，其中就包括中华民族文化的复兴，包括推动社会主义文化繁荣兴盛，建设文化大国、文化强国。没有文化的复兴，也就没有全面实现现代化，中华民族的复兴就会因缺乏精神和文化的支撑而后劲乏力。

推动社会主义文化繁荣兴盛，建设社会主义文化强国是一项非常困难而长期的任务。因为时代不同、条件不同、环境不同，发展面向现代化、面向世界、面向未来的，民族的科学的大众的社会主义文化，比毛泽东当年在《新民主主义论》中提出的文化建设任务更为艰巨。在一个国际交往频繁，各种文化碰撞和相互交融，思想多样、利益多样的当代中国，各个人文社会科学学科的构建，社会主义文学艺术的繁荣发展，用社会主义核心价值观培育全体人民尤其是青年一代，都需要长期坚持不懈。这个任务在一定意义上比其他建设更困难，因为它涉及的是人，而人的理想和信仰会遇到各种不同的价值观壁垒障碍。思想是个最微妙最难深入的领域，对有些人一定意义上可以说是个黑洞。这是个任何压力和强迫都无效的领域。文化领域是知识分子最为集中的领域。要讲究文化建设的领导方法，要贯彻党的知识分子政策和文化政策，要吸取过去的经验和教训，充分调动广大知识分子与文化工作者的积极性和爱国主义热情，使文化建设成为广大知识分子和文化工作者的一项自觉的任务。

文化建设不等同于意识形态建设，但其中确实存在意识形态问题。文化建设属于意识形态领域中的建设，不可能去意识形态化、去政治化、去中国化。文化建设，既要巩固马克思主义在意识形态领域的指导地位，坚持以马克思主义为指导，坚守中华文化立场，又需要立足当代现实，结合时代条件，创造出具有时代价值、反映人民愿望的高水平的文化产品。

文化的发展史犹如绵延的万里群山，其中有低谷有平原有高峰。文化名人和传世巨著的出现，并非累世能见。中国特色社会主义新时代应该创造条件以便培养更多的文化名人和出现更多的名篇巨著。只有群星灿烂、高峰迭起、蔚为壮观，才是一个拥有如此丰富文化遗产的中国应该有的文化大国文化强国的样子。建立一个文化繁荣兴盛的大国,其难度堪比建设一座精神的万里长城。

"长风破浪会有时,直挂云帆济沧海。"在推进社会主义文化繁荣兴盛、建设社会主义文化强国的过程中,一切有责任感、使命感的文化工作者,一定要不辜负我们的时代、不辜负我们的党、不辜负人民对我们的期待,以自己的作品推动文化自信走向更高层次。

第九讲　历史唯物主义与中国道路

中国道路问题,是最为世人关注的大问题。中国选择什么道路,中国向何处去,不仅关系到中华民族的命运和全体中国人民的切身利益,也会改变世界政治格局和大国之间的力量消长。"中国威胁"论、"中国经济崩溃"论等,本质上都是以话语形态出现的包含对中国道路取得的伟大成就的焦虑和恐惧。

一、中国道路与中国方案

中国道路,就其一般意义而言,包括中

国革命、建设、改革所经历的全过程。对过去来说,是中国的革命和社会主义建设历史;对现实而言,它就是中国当代的社会主义实践;对未来而言,它就是中国为之奋斗的实现"两个一百年"奋斗目标和中华民族伟大复兴,最终实现共产主义。作为一个整体,它就是中国共产党领导中国人民革命和建设的实践历史过程。中国共产党 97 年来走过的道路,内蕴着中国共产党人的文化自信,其深层本质是对共产党执政规律、社会主义建设规律、人类社会发展规律的把握。

笔者以为,中国道路的提法或许比中国模式的提法更确切,更符合马克思主义哲学的本义。模式的提法难以表达出中国特色社会主义道路的本质。从语义来说,模式是成型的、静态的、稳定的。用在国家发展上,模式具有排斥性,把自己国家的发展视为不同于其他国家的唯一的最具优越性的发展方式,或者认为自己国家的发展模式具有普适性,可以为其他国家提供一个现成的发展范式,如同制作糕点的模型,全部糕点都是从一个模子里制作出来的。无论在何种意义上,模式论都不太适用于中国特色社会主义道路。

从历史唯物主义角度看,各国有不同的发展道路,没有放之四海而皆准的发展模式,更没有唯一的模式。西方发展道路是由西方国家自己的历史和文化决定的,而不是为世界提供模式,也不可能提供模式。中国推行改革开放,表明中国共产党愿意学习世界各国尤其是西方发达资本主义国家的经验,但是中国不会照搬西方发展的模式。习近平总书记说过,"我们愿意借鉴人类一切文明成果,但不会照抄照搬任何国家的发展模式","不能企图用一种模式来改造整个世界"。

历史唯物主义是社会形态发展论,而不是社会发展模式论。中国特色社会主义道路,不是从天上掉下来的,而是中国人民在中国共产党领导下走出来的。从整个中国历史来说,中国特色社会主义是在对中华民族几千年文明和文化的传承中得出来的;从近代史说,它是从1840年以来中国人民为民族复兴而奋斗、而牺牲、而不断遭受挫折的苦难经验和教训中总结出来的。道路是纵向的,它与自己国家过去的历史特点和文化特点不可分割。没有中国历史的发展,没有中国文化的积累,就没有中国特有的发展道路。

道路的特点是实践,而不是仿效制作,照葫芦画瓢。中国道路就是中国人的实践,不实践就不是道路,也没有道路。当然,在中国特色社会主义建设中,我们可以有规划、有顶层设计、有"两个一百年"要达到的目标、有中华民族伟大复兴的目标,但目标不等于道路。目标只是道路的重要部分,是道路的指向和要达到的站点。至于如何到达这个站点,怎么走,就是道路问题。可以大胆地说,按照历史辩证法,我们不可能详细地绘制一个不需要修改、不需要完善、不需要调整的中国道路规划图,而是应该根据实际情况不断调整。这就是顶层设计与"摸着石头过河"的两者结合。因此,中国道路不是固定模式,它包括弯路、包括曲折,甚至会碰到岔路。中国特色社会主义道路不是定型的,而是未完成式,现在仍在继续走。一句话,中国道路是实践过程,它为人类对更好的社会制度的探索提供的是中国方案,而不是一个现成的模式。

改革开放几十年来,在中国道路上我们取得了伟大的成就,也遇到不少问题。其中有一些是有违改革初衷、未曾料到的新问题,正在采取措施逐步解决。社会主义建设是有规律可循的,我们会有盲区,会有没有掌握的新的规律。我们还要不断摸索、不断总结。改革初始,邓小平提出以经济建设为中心,重点是放在解放生产力、发展生产力上,为此提出发展是硬道理的著名论断。在改革实践过程中,中国共产党人继续推进发展是硬道理的原则,提出了科学发展观,再发展到现在的创新、协调、绿色、开放、共享的新发展理念;从开始的一部分人先富起来,发展到现在强调共同富裕,强调依法治国,强调公平、正义,这都是从40年一步一步改革经验积累中走过来的。40年来的经验证明,中国特色社会主义道路是在实践中不断完善的。这个过程并没有结束,中国道路有明确的方向图,通过深入探讨什么是社会主义,怎样建设社会主义;建设什么样的党,怎样建设党;实现什么样的发展,怎样发展这些有关道路的根本性理论问题,提高了我们的理论自觉性,为制定各项方针政策,推进各项工作提供了科学指导。

中国方案的提出,有重要理论和实践意义。中国方案,就存在于中国道路之中。没有中国道路就不会有中国方案。提不出中国方案,中国道路就会变成一句空话。或许有人说,只有中国模式才有世界意义,而中国道路没有世界意义。这不符合历史唯物主义观点。模式提供的是模具。我们反对西方推行的普世价值观,就是反对它们对自由、民主、人权的解释的话语霸权,反对它们把西方的资本主义民主制度模式化。其实,各个国家需要的是符合自己国情和文化特点的自由、民主和人权制度。当然,我们可以学习它们的优点,吸收西方的积极成果,但我们有自己的发展道路和方案,而不是成为从西方模具中复制出来的仿制品。

中国道路,既是具有中国特色的中国之路,又是具有世界意义的中国之路。讲它是中国特色之路,是因为它具有中国的历史特点、民族特点、文化特点;讲它又是具有世界意义的中国之路,是因为它向人类提供了不同于西方发展道路的中国方案。这个方案向世界表明,一个近百年来受列强压迫和侵略的民族,一个曾经落后于西方发达国家的民族,完全可以依靠自己的力量,建立与自己民族特点相符合的制度和发展道路,走上民族伟大复兴之路。

资本主义社会并不是人间天堂,资本主义的经济和政治制度也不是人类社会发展唯一之路,资本主义的价值观念并非人人必须奉为圭臬的绝对价值。在当代,各国的发展,完全可以有不同的方案。这正是西方某些资本主义国家拼命遏制中国和平发展的原因。因为中国的崛起意味着中国方案的成功;而中国方案的成功,意味着在当代可以有另一条通向自己国家和民族的复兴之路,而不必接受西方兜售的资本主义制度优越论和永世论的灵丹妙药。中国方案是马克思主义和中国文化精华的结合,它的影响力和说服力,是中国对世界的贡献。正因如此,西方一些国家千方百计对中国道路进行抹黑,并将之视为对"自由世界"道路的背离。

二、中国道路之争

方向决定道路,道路决定命运。在中国,不同道路之争,其深层体现为不同文化之争。中国应该走什么样的道路,其争论由来已久,并非现在才出现。早在 20 世纪二三十年代中国共产党成立以后就存在。这就是中国共产党主张的在中国进行革命的道路、文化保守主义主张的中国文化本位主义、一些人倡导的全盘西化的资本主义道路。1949年中国革命的胜利,从实践上对这个问题做了总结,而毛泽东的《论人民民主专政》一文,对这个问题从理论上做了概括。本来,在中国革命胜利之后的前30年,这个争论已经沉寂。但随着改革开放后中国总结"文化大革命"经验教训,随着重新正确理解中国传统文化,随着经济全球化后西方新自由主义思潮的涌入,关于中国道路的争论再度兴起。但现在各自的立论与表现,与中国革命胜利之前的20世纪二三十年代的文化保守主义和全盘西化论相比,具有新的时代特点和理论支撑。这个理论支撑的文化特点可以概括为三个"化",即:中国特色社会主义道路的核心是"马克思主义中国化";回归传统,回归儒学,重塑中国社会主义和中国共产党的核心是"儒化";回归人类,回归世界的核心是"西化"。如果不站在历史唯物主义高度把握这三个"化"的本质,就会在中国特色道路问题上缺乏文化自信。

有人提出要中国走世界人类文明发展的共同道路,走世界文明之路。在他们看来,以希伯来犹太教和古希腊哲学为源头的西方文化,是最优秀的文化;西方的道路是世界的普遍道路。中国特色社会主义道路是脱离世界文明,是沿袭自秦始皇以来中国封建社会的专制主义之路,是自外于世界潮流的道路。无论在国际国内,这种说法都时有所闻。这种说法完全暴露了西方普世价值论的政治底牌。资本主义道路怎么就是世界文明之路,就是人类世界共同道路呢?以历史唯物主义观点看,西方文化只是文化中的一种,资本主义道路只是人类社会发展过程的一个重要阶段。资本主义的确为人类作出了比以往任何时代都巨大的贡献,但又同时为自己挖掘了坟墓。资本主义社会是文明与野蛮、光明与黑暗并存的社会。马克思和恩格斯在《共产党宣言》中以热情洋溢的赞美笔调肯定了资本主义的成就，但同时又毫不留情地判处了它的死刑，敲响了资本主义丧钟，指出资本主义社会的过渡性。资本主义社会的出现和发展包括在人类社会发展规律之中，但绝不代表人类的美好理想，并不是人类社会发展的普遍规律。

1856 年 10 月至 1868 年马克思在伦敦住过的房子格拉弗顿坊 46 号

　　什么是人类的共同道路，什么是人类社会发展的普遍规律？从历史远景来说，不是少数人富裕的资本主义，而是公平、正义、共富、和谐的社会主义和共产主义。相对于人类存在数千年的阶级社会和剥削社会来说，消灭阶级、消灭剥削，建设一个公平、正义、共富、和谐的社会，才是人类的共同道路。用中国哲学的话说，叫天下为公、世界大同之路，用历史唯物主义关于社会形态发展理论来说，这是人类解放之路、是共产主义道路。世界通向这个共同道路的方式和方法可以各不相同，并且肯定会有先后、有迟早，但对人类社会而言，剥削制度不会是永恒的、亘古不变的。私有制度是在一定条件下产生的,也会在一定条件下终结,作为私有制的最高发展阶段的资本主义制度形式也是如此。消灭剥削、消灭两极分化、消灭私有制,走向公平共富的社会,这才是人类发展的普遍规律。《共产党宣言》的不朽价值,就是向全人类揭示了这个普遍规律,并号召全世界劳动者团结起来为此而奋斗。

我们反对西方包藏政治图谋的普世价值论,并不违背世界发展潮流,不是与世界发展相脱离,因为我们不是反对自由、民主、平等、人权、法治这些人类认可的共同价值,相反我们在努力建设社会主义的自由、民主和人权制度。我们反对的是西方某些国家或学者怀着文化自大狂的优越心态,把西方价值观念和制度模式化,视之为放之四海而皆准的普世模式。普世价值论的本质就是西方制度模式化,是以普世价值为软实力的西方资本主义制度的优越性和不可超越性的话语霸权。

国内外都有学者批评中国特色社会主义道路脱离世界发展道路、脱离人类发展道路,要中国回归人类发展道路,讲的就是回归普世价值的道路。他们说,这是中国从"专制""独裁"的社会主义,回归"自由""民主"的资本主义。实际上,就是要中国割断自己的历史传统,摒弃中国文化特点和社会主义道路,期待中国重蹈"红旗落地"的覆辙。

在道路问题上也还有另一种主张,这就是回归儒家、回归传统。最激烈的说法是儒化中国共产党、儒化社会主义。表面上,它与回归世界、回归人类的新自由主义道路是双峰对峙,其结果实际上是殊途同归。中国特色社会主义是我们生活其中的现实的社会,共产主义社会是我们的理想。人在站立的时候,总是双脚立地、背面对后、两眼朝前。社会发展也是一样。社会永远是立足现实、背靠传统、关注未来。而不能是相反的,脱离现实、脸向过去、背对未来。社会发展是往前走的,人的追求不能与社会发展的方向相背而行,而只能相向而行。

在笔者看来,背靠传统,就是继承传统、弘扬传统、创新传统,而不是回归传统。正如儒学一样,需要继承、发扬而不是回归。历史是曾经的存在,现实是当代的存在。传统是历史与现实之间连续性的文化串线。历史对现实有深刻的影响,即它的文化基因具有某种遗传性。儒学传统要继承,但要与时俱进,而不是回归。习近平总书记明确指出,"历史总是要向前进的,历史从来不等待一切犹豫者、观望者、懈怠者、软弱者。只有与历史同步伐、与时代共命运的人,才能赢得光明的未来。"

"治世不一道,便国不法古"。社会主义有自己的发展规律。中国当代的现实,是社会主义社会的现实。社会主义有自己不同于封建社会的经济基础和上层建筑,有不同于以往任何社会制度的新的指导思想、新的政治制度。我们是生活在 21 世纪的当代人,是生活在建设中国特色社会主义的当代人。站在当代,我们应该重视中国传统文化,吸取中国传统文化的优秀思想,但不可能在社会制度的建设和思想指导观念上,回归传统、回归儒学。以儒化作为中国道路和方向的指导,只会断送中国的社会主义。

中国特色社会主义道路是一条光辉的道路,也是一条充满困难的道路。我们党清楚知道,老百姓对现实问题有议论、有不满意。当代的问题是现实问题,而不是古代人的问题。现实问题,必须坚持以马克思主义为指导,以问题为导向,采取历史唯物主义方法进行分析,寻找它的现实原因,提供有效的解决方法。传统文化包括其中占主导地位的儒家学说,可以为我们解决问题提供思想资源、提供启发智慧,但传统文化不可能为它们从来不曾经历的两千年后的问题提供预案和答案。对中国道路上存在和出现的问题,儒化不是出路,西化更不是出路,出路在于继续深刻研究和把握社会主义发展规律和中国共产党的执政规律,坚持社会主义方向,坚持从严治党。社会主义的基本规律不可违背,执政党的规律不可违背。治党必须从严。如果管党不力、治党不严,人民群众反映强烈的党内突出问题得不到解决,那么我们迟早会失去执政资格,不可避免被历史淘汰。不懂历史辩证法,不懂得失成败在一定条件下可以转化,是非常危险的。殷鉴不远,岂能忘之?《易经》中说,"君子终日乾乾,夕惕若厉,无咎",应该成为我们的座右铭。我们一定要以不忘初心之志,以兢兢业业、如履薄冰之心,走符合社会主义规律的中国道路。

三、中国道路的文化自信

习近平总书记说:"当代中国的伟大社会变革,不是简单延续我国历史文化的母版,不是简单套用马克思主义经典作家设想的模板,不是其他国家社会主义实践的再版,也不是国外现代化发展的翻版。"这是习近平总书记在新的历史条件下,对毛泽东《论人民民主专政》一文总结中国革命历史经验的进一步发展,说明了中国特色社会主义道路的创造性。

中国道路不是重复母版、模板、再版、翻版。这四个"不是",

就包括三个"化"字。不是简单套用马克思主义经典作家设想的模板,不是其他国家社会主义实践的再版,就是强调马克思主义中国化,要与中国实际和文化相结合;不是简单延续我国历史文化的母版,就是强调中国社会制度和道路不能儒化,以儒学为主导的传统文化要创造性转化和创新性发展;不是国外现代化发展的翻版,就是强调中国的现代化是社会主义现代化,而不是西化。

马克思主义中国化,这是最根本的化。没有这个化,一切都无从谈起。中国革命和社会主义建设,尤其是中国的改革开放,中国特色社会主义道路,不是简单套用马克思主义经典作家设想的模板,不是苏联社会主义实践的再版,因为我们是从中国实际出发,以马克思主义作为指导思想寻求适合中国发展的道路。中国民主革命走的是一条农村武装割据、由农村包围城市的道路,而不是马克思和恩格斯设想的巷战,也不是苏联走过的城市武装起义;社会主义革命和社会主义建设,我们也是从以俄为师到走自己的路。社会主义革命我们实行的是和平赎买,分清民族资产阶级和官僚买办资产阶级,而不是一锅煮;社会主义建设,我们是强调正确处理十大关系;强调正确处理两类不同性质的矛盾;改革开放,我们强调坚持社会主义方向,强调一个中心两个基本点,强调四项基本原则;等等。很显然,这些都不是简单套用马克思主义经典作家设想的模板,更不是苏联社会主义实践和改革的再版。不用多解释,中国革命、建设、改革,走的是马克思主义中国化的道路。如果没有从实际出发,没有坚持实事求是的马克思主义基本原则,中国革命、建设和改革不可能取得成功。当然,马克思主义中国化并没有结束,正如习近平总书记所说,"坚持不忘初心、继续前进,就要坚持马克思主义的指导地位,坚持把马克思主义基本原理同当代中国实际和时代特点紧密结合起来,推进理论创新、实践创新,不断把马克思主义中国化推向前进。"

恩格斯

不是简单延续我国历史文化的母版,就是中国传统文化的创造性转化和创新性发展问题。中国革命不可能延续我国历史文化的母版,因为中国历史上从来没有出现过社会主义革命,何来母版。中国共产党领导的革命是推翻旧的社会制度的革命,是社会形态的变化,不是中国历史上的王朝更替、改朝换代。正因为这样,中国共产党的成立才是中国开天辟地的大事变,中国革命和社会主义建设才是在中国历史上没有母版可遵循的伟大创造。无论是《礼记·礼运篇》中的"大道之行也,天下为公"的"大同"和"小康"理想,或是太平天国的《天朝田亩制度》的废除封建土地私有制、均贫富的思想,虽然包含丰富的思想资源,但都不可能成为中国革命和社会主义建设的母版。它们是原始的空想社会主义或农业社会主义。我们坚持的是科学社会主义,中国特色社会主义本质上就是马克思主义的科学社会主义,而不是别的什么主义。

儒家学说,是封建社会王朝的母版,而且是王朝守成的母版,而不是开拓创新的母版。这是历代王朝倡导以儒治国的原因,怎么可能成为中国特色社会主义道路的母版呢!当然,不是母版,丝毫无损于中国传统文化的博大精深,不影响以儒学为主导的中国传统文化对我们的思维方法、道德修养、人文教化、治国理政的巨大思想价值。应该反对儒学政治化,儒学宗教化,在社会主义时代应该重视儒学的文化本质。但从道路和旗帜的角度说,从重建理想和信仰的角度说,我们绝不能走以儒化国、以儒化党的道路。我们要治理的是社会主义国家,我们要重建的理想、信仰、价值,是社会主义和共产主义的理想、信仰、价值。中国共产党之所以叫中国共产党,就是因为从它成立之日起我们党就把共产主义确立为远大理想。

任何一个关注现实的人都能看懂,中国共产党内的腐败分子、党内蛀虫,并不是因为失去对儒学的信仰,而是丧失对社会主义和共产主义信仰。我们社会出现的一些道德失范和价值观念混乱,也不是因为失去对儒家的信仰,而是伴随当代中国社会深刻变化而出现的副产品,或者说是社会代价。

我赞同我们应该学习中国传统文化的经典,包括文学如唐诗宋词,总之,中国传统文化中宝贵的东西我们都应该珍重。但我们也应该明白,社会矛盾永远是现实的,我们直面的问题永远是当前。现代人的信仰和价值永远应该是与时代相适应的。

任何国家在走出传统社会后都要实现现代化,中国也一样。但中国的现代化是社会主义现代化,而不是西方现代化的翻版。现代化,是使用最多的一个概念。可是何谓现代化,实现什么样的现代化,这取决于时代背景,取决于各国历史的、文化的特点,特别是取决于社会制度的本质。

中国从社会主义制度确立开始,就把逐步实现社会主义工业、农业、国防和科学技术现代化作为我们的奋斗目标。经过 60 多年的建设,我们在不断深化现代化的内涵,包括推进国家治理体系和治理能力的现代化,发展社会主义市场经济,发展社会主义协商民主制度,建设中国特色社会主义法治体系,等等。但无论中国现代化的内涵怎样深化,有一点是不会变的,我们搞的是社会主义现代化,而不是资本主义现代化。如果我们摒弃中国特色社会主义基本经济制度和政治制度,偏离中国道路,在现代化问题上不加分析地接受西方话语抽象鼓吹的国家现代化,改变中国所谓的"一党专政",放弃中国共产党领导;鼓吹思想市场化,放弃马克思主义的指导地位,借助思想多元来反对指导思想的一元化;鼓吹军队国家化,反对党对军队的领导,如此等等,这实际上是在现代化的名义下偷梁换柱,把社会主义现代化变成西化翻版。

毫无疑问,资本主义现代化是人类社会摆脱传统社会后的巨大历史进步,但西方现代化是通过向海外殖民实现的,是同侵略、掠夺、剥削、扩张密不可分的。日本也是脱亚入欧,通过实行现代化,走向军国主义,疯狂向外扩张和侵略。我们只看到西方发达资本主义国家变得富强、文明,可忘记了资本主义现代化给世界、给大多数被殖民国家带来的巨大灾难。马克思曾经说过,"当我们把自己的目光从资产阶级文明的故乡转向殖民地的时候,资产阶级文明极端伪善和它的野蛮本性就赤裸裸地呈现在我们面前,它在故乡还装出一副体面的样子,而在殖民地就丝毫不加掩饰了"。

资本主义现代化的本质是资本本性的扩张。海外殖民就是资本扩张,但它号称输出文明。实际上像马克思当年说的,被殖民的国家"失掉了他们的旧世界而没有获得一个新世界,这就使他们所遭受的灾难具有一种特殊的悲惨色彩"。如果说,当年西方资本主义在输出文明的口号下,给世界带来的是灾难;当代在强行输出普世价值的口号下,带来的同样是灾难。只要看看中东,看看非洲某些被"民主化"的国家,看看它们战火纷飞、家园破碎、难民如潮的处境,自然就能明白。

社会主义现代化与西方资本主义现代化会有某些共同点,有可借鉴的东西,但绝不是西方现代化的翻版。时代不同、社会制度不同、文化底蕴和传统不同,现代化的道路也不同。中国的文化是和平的文化,而不是扩张的文化。中国是在取得民族独立建立社会主义制度之后,逐步推进现代化的。我们是在被资本主义世界封锁的情况下,完全依靠独立自主、自力更生,依靠党的领导和人民的力量实行现代化。在经济全球化的背景下,我们是通过深化改革开放,在世界交往中继续推进社会主义现代化。我们的现代化,没有殖民、没有掠夺,而是互利共赢;没有血与火,没有战争,而是构建人类命运共同体。中国实现社会主义现代化,是增强世界和平、防止战争的力量,是促进世界和平发展的力量。这是与西方现代化进程伴随殖民、战争和掠夺迥然不同的两种类型的现代化。中国实现现代化,是对世界、对人类和平的重大贡献。

社会主义现代化不是西方现代化的翻版,但我们重视对西方现代化的研究。它的成绩、现代化中存在的问题,都能为我们提供经验和教训。我们是后发国家，我们有条件也应该避免西方在现代化中出现的种种问题。我们也不会忘记它们对中国现代化的影响和某种推动。但笔者不赞同中国现代化的动力是外生的，与中国历史自身发展的内在要求无关。外因是条件，内因才是根据。中国是一个有几千年文化传统的民族，是一个蕴藏并积蓄了几千年文明内在力量的民族，是一个在近代饱受侵略和掠夺，积蓄着追求民族复兴、追求民富国强强大力量的民族。现代化是中国革命题中应有之义。把中国现代化，视为简单的外力——反应模式，而不是中国内在力量的要求，是一种错误的历史观。这种历史观导致的结论，就是中国现代化应该拜西方侵略之赐，像有些人无耻宣称的，如果中国能被西方殖民三百年，就可以从洋人手里接收一个现成的现代化中国。这种观点何等荒谬！

总之，中国特色社会主义道路是实现现代化必经之路，是创造人民美好生活的必由之路。我们对道路的自信，源自对文化的自信。中国不仅有五千多年文明发展孕育的中华优秀传统文化，还有中国共产党和中国人民在伟大斗争中孕育的革命文化和社会主义先进文化。文化不仅是知识、智慧的积累，更是一个民族最深层的精神追求。中国近百年历经劫难而九死无悔，"拼将十万头颅血，须把乾坤力挽回"，其中闪烁的就是"我以我血荐轩辕"的中华民族文化精神。

第十讲　哲学与生活实践中的信仰

信仰并非高悬于天空,只可仰望,无法捉摸,其实信仰就存在于实践中,包括存在于日常生活中。无论是对自由与任性的态度、对社会责任和职业选择、对命运持何种态度,都会表现不同的信仰。哲学回归生活,就包括在生活中树立正确的信仰。

一、让哲学回归生活

法国作家莫里哀的喜剧《醉心于贵族的小市民》中有个人物茹尔丹,他是小市民,偏偏醉心于贵族,处处假装爱艺术、爱文学。他弄不清什么是散文,别人告诉他,你说的就是散文。他说,天啦,我整天说散文却不知道什么是散文! 恩格斯曾引用过这个故事。他说,"人们远在知道什么是辩证法以前,就已经辩证地思考了,正像人们远在散文这一名词出现以前,就已经在用散文讲话一样"。哲学也是如此。在我们的日常生活中,就存在哲学。

我们面对两种哲学:一种是生活中的哲学,一种是书本上的哲学。我们不但要学习书本上的哲学,更应注意生活中的哲学。哲学既不能没有形而上的问题即纯哲学问题,也不能没有形而下的问题即生活中的哲学问题。没有形而上只有形而下,哲学就会变为生活常识;可没有形而下,哲学就在天上,没有着陆点,永远与人的生活相分离。

哲学家的哲学,就是历史上或当代一些哲学家创立的哲学体系。例如,中国古代的老子、庄子,西方的苏格拉底、柏拉图、康德、黑格尔等,这些人提出了基本的哲学概念、范畴和理论体系。我们要学习哲学家的哲学,学习中国、西方、马克思主义的哲学经典著作,学习他们的哲学思想。这是非常重要的。

但我们千万不能忘记还有一种哲学,就是生活中的哲学。如果我们只懂书本上的哲学而不懂生活中的哲学,这就叫书斋哲学、书呆子哲学。德国哲学家叔本华在《论哲学和智力》一文中说过一段很深刻的话,大意是说,哲学家比任何其他人更应从直观知识中汲取素材,因此哲学家的眼睛应永远注视事物本身,让大自然、世事、人生而不是书本成为他的素材;不能把书本视为知识的源头,书本只是哲学家的辅助工具而已。当然,这不是说读书不重要,而是说要读活书、活读书。生活中的哲学不以命题、范畴的方式呈现,而是日常生活中经常发生的、能从中体悟出哲学道理的生活状态。生活中的哲学智慧是丰富多样的:"变""联系""矛盾""过程"等,都是活生生的生活观念。

矛盾变化是什么? 是辩证法,所以日常生活现象中的变与不变就是哲学问题。老百姓从日常生活中都知道,事物是变化的,人也是变化的。例如,古代有一个故事,说的是一个儒生找裁缝做衣服,衣服前短后长,他不乐意,说为什么前短后长? 师傅说,你未发达,逢人低头,自然前面短点,便于弯腰。后来他考中状元,又找了这位师傅做衣服,变成了前长后短,他又不乐意,问为什么这次前长后短? 师傅说,这次你做了官,不用低头而是挺胸、昂头,自然前面长点好。这则故事里包含的不仅有裁缝哲学,还有成衣哲学、人生哲学。

又如,人们从一片树叶落地就知道秋天到了,即所谓"落一叶而知秋"。这里面包含的是什么? 是联系的观点,也是一种关于事物信息的观点:一个事物的变化与另一事物的变化相联系。我们可以从一个事物的变化看到与它相联系的事物变化。如果世界上事物彼此没有联系,都是孤立的,就不可能落一叶而知秋。矛盾也是如此。什么叫闹矛盾? 就是把矛盾扩大、激化;但如果及时交流、化解,就能使矛盾得到解决。这些都是哲学问题。

关于过程的思想是最重要的哲学思想之一,恩格斯称之为伟大的哲学思想。万物发展都是一个过程,如吃一串葡萄很简单,但要得到葡萄,就必须经历种树、施肥、浇水、除虫等一系列过程。没有过程,就没有结果。过程通常是枯燥的,而结果往往是丰富的。

人也是一样。例如,一个刚开始学弹钢琴的人,练琴时使人掩耳,自己也苦不堪言;而一旦成为钢琴大师,他的成果就是辉煌的。只要结果、不要过程是不可能的,要重视过程。台上一分钟,台下十年功。这就是生活中的过程哲学。

让哲学回归生活,不是蔑视经典、回归平庸,而是既要重视经典,更要重视生活。哲学家应善于从平凡的日常工作和生活中捕捉为人熟知但不真知的哲学问题。不是把生活作为书本的注脚,而是把书本作为生活的注脚,这样的哲学家才是贴近生活、贴近群众的哲学家。

二、自由与任性

什么是自由?有人说,"自由"倒过来就是"由自"。当然,自由中确实包括"由自",如果自由中没有自我意志的作用,就不能称为自由。但"由自"决不等于"自由"。"由自"是"任性"。

自由不同于"任性"。任性,如果仅仅使小性,脾气犟,属于性格问题。我说的"任性"指的是恣意妄言、纵情行事。"任性"看似自由,实际上是自由的反面,它是无视道德和法律的非理性行为,其往往导致的是"不自由"。无论是公共生活领域或私生活领域,"任性"都不是真正意义上的自由。

自由应该与理性相伴而行。就人与自然的关系来说,人从对自然规律的认识和应用中获得自由。而对自然"任性",得到的是自然的报复。越任性,报复越重。

就人对社会关系说,自由表现为在不违背法律的条件下个人的言行是"由自"的,是自我做主。而"任性",则会由于违法而受到惩罚。"一时性起",酿成牢狱之灾的事并不少见。

就人与自我关系说,自由表现为人对自己本性的正确认识,而不是纵情贪欲,精神为物所奴役。精神的物化,就是人的异化。异化的人,是不自由的人。

自由决不能解释为"由自"。"任性"中有自我,但过分"自我",就是"任性"。在我们社会中,党有党纪,国有国法。不依规矩,不能成方圆。如果我们的社会,人人都可任性而行,会成个什么样子,不难想象。

马克思明确把自由与任性区分开来。他曾说过,法律不是压制自由的手段,正如重力不是阻止运动的手段一样。可是法律规定的自由存在于法律的肯定的、明确的、普遍的规范之中。在法律规范中,自由的存在是普遍的、理论的、不取决于个别人的任性的性质。正是在这个意义上,马克思说:"法律就是人民自由的圣经"。法律保障的是人民的自由,包括言论自由,但决不赞同"任性"。当"任性"越出道德底线,就应受到舆论谴责;触犯法律,就应受到法律制裁。

人需要自由。没有自由,人就是两脚动物。但自由不是天生的,而是社会发展的产物。因此自由具有集体的特性,而"任性"是个体性,属于个人的品性和素质。但"任性"不是天生的性格,与他们所处的社会地位、家庭条件,以及一切形成"任性"的条件相关。土豪的任性,因为是土豪;富二代、官二代的任性,因为是富二代、官二代;某些名人、闻人的任性,因为是名人、闻人。但并不是任何富人都必然"任性",也不是任何富二代、官二代、名人、闻

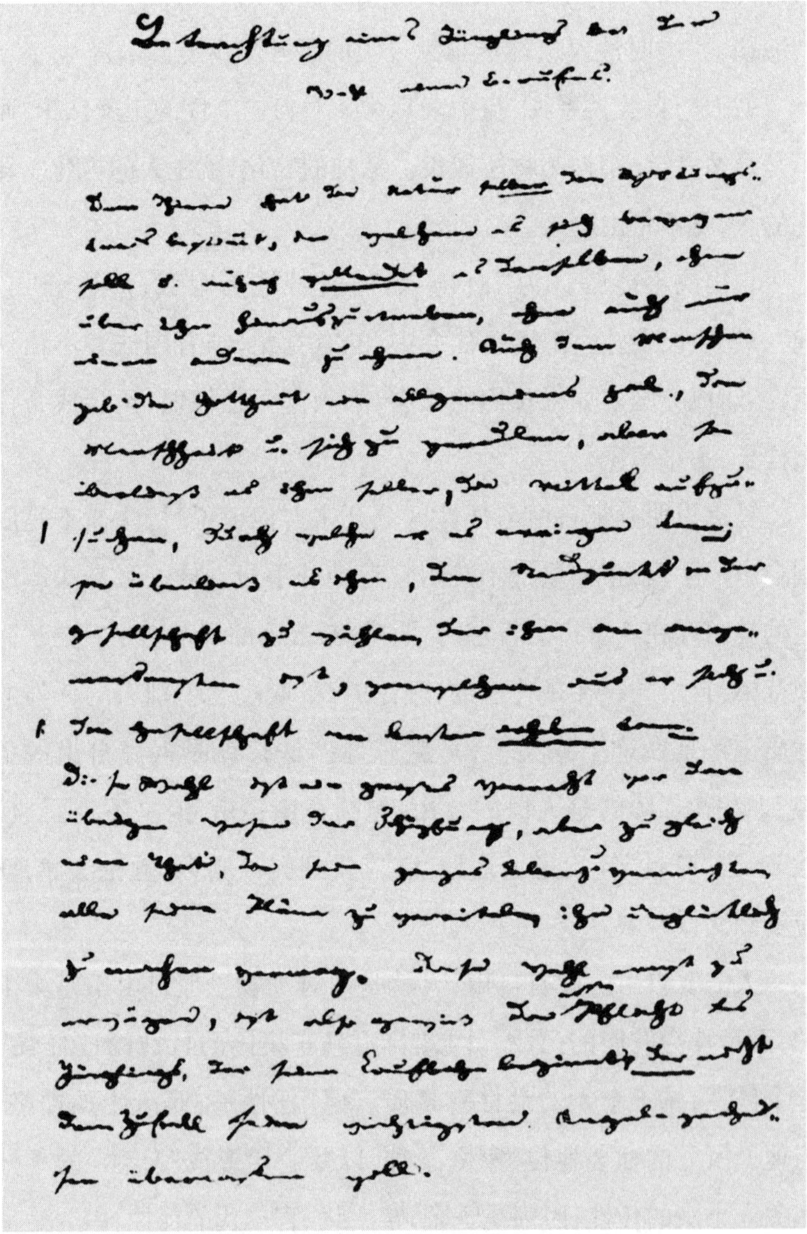

马克思 1935 年 8 月写的中学毕业作文《青年在选择职业时的考虑》的第一页

人都必然"任性"。"任性",是一种素质,特别是人文素质和道德素质。人文和道德素质,不同于文化水平。文化水平表现为知识,而素质则表现为思想和行为的精神内涵。文化水平高的人不见得素质就高。有些人得意忘形,狂言乱行,并不是因为文化水平低,而是自以为是富人、名人、闻人,可以置身于道德和法律之外。

自由,涉及人的方方面面,难以细说。粗略可分为内在自由和外在自由。内在自由,是心灵的自由,属于人的内心世界;外在的自由,属于内心自由的外化,表现为言论与行为。内在自由是思想自由,属于思维的本性;外在自由,受法律的制约,属社会规定。任何法律都不可能限制人的内心自由。想什么,如何想,属于个人的内心世界。三军可夺帅,匹夫不可夺志。封建社会有诛心之说,林彪搞了个灵魂深处闹革命,斗私批修,都不可能压制人的内心世界。可内心活动一旦化为言论和行为,付诸言行,脱离思维着的主体,就进入法律管辖范围。法律管不到内心世界,内心活动是个人的私事,但法律可以以法的形式规定指向他人、指向政府、指向国家的言论和行为的合法性与非法性。合法与非法的界限是法律规定,但标准取决于社会制度的性质。

社会主义法律按其本质来说,不是为了限制自由,而是为了维护自由,保障人民的各种自由权利。但为了维护自由,必须规定自由的边界。言论自由是法律保护的权利,但在任何国家决非无边界的权利。因此,"自由"永远与"不自由"相互依存。"不自由"存在于自由规定的界外,而自由存在于不应保护的"不自由"的界内。无界限的绝对自由是不可能的。正如恩格斯说的,任何一个人的愿望都会受到任何另外一个人的妨碍。在社会生活中,每个人都必须放弃自己的一部分自由,才可以各自获得不自由中的自由。

与"自由"同时并存的是"不自由"。"不自由"是"自由"实现的补充。由"不自由"来保障自由,由自由来限定"不自由",似乎是个悖论,但不是逻辑上的自相矛盾,而是社会作为有组织的集合体的本质决定的。为了保障个人自由,必须给个人的自由设某种合理的限制。最简单的道理,正如红绿灯的设置不是为限制汽车通行,而是保障汽车能有序地自由通行。没有红绿灯信号的设置,就没有汽车通行的自由,有的只是互相碰撞。在社会生活中,自由是需要代价的。这个代价既包括自由滥用的后果,也包括对社会成员自由权利的某种约束。

从人类发展史来看,无论中外,都是先追求心灵的自由。因为在奴隶社会或封建社会,普遍的自由权利不可能存在,自由属于特权阶级,表现为少数人的特权。而绝大多数被压迫被剥削者被剥夺了自由。因此,当时的思想家们、哲学家们只能把现实自由的追求,转向内心世界,寻求对不自由的现实世界的精神自由超越。庄子《逍遥游》中的大鹏,水击三千里,扶摇直上九万里,列御寇"御风而行",总应该算是自由吧,庄子仍不满足,因为这种飞翔的自由"有待",要依靠风。庄子追求的是"无待"的自由,即精神世界无条件的绝对自由。其实,这种自由只能属于庄子的精神世界。现实中的庄子是不自由的,仍然要借米下锅。

精神世界的自由,不可能是绝对的。思想者的自由,是受一定条件制约的。思想自由的高度,永远难以跨越自己时代的高度。

即使伟大思想家的思想中存在某些超越时代的永恒价值,但仔细审视,我们都可以发现它的历史条件限制和时代的烙印。

单纯精神自由的局限性是很明显的。因为它不是现实的自由,人实际上存在于不自由的世界之中。身陷囹圄的人,可以骄傲地保持内心自由,自诩为自由人,但实际上过的是铁窗生涯,仍然是事实上的不自由。不管魏晋的名士们如何放浪形骸,裸衣纵酒,情不系于所欲,自以为内心世界无比自由,其中有些人仍难逃司马父子的杀戮。岂止是剥夺内心世界的自由权利,连同失去生命。没有社会制度的保障,不可能有真正的言论自由和思想自由。在专制制度下,不会容许有真正的自由。勇敢的思想者往往是悲剧性人物,是争取思想自由祭坛上的牺牲者。判断一种社会制度的优劣,就是它在何种程度上能真正保证思想者的思想自由。这种思想自由不是任性,而是追求智慧与真理。

就内在自由转向外在自由,并在一定程度上给予合法性,是资产阶级革命的贡献。资本主义制度取代封建专制制度,就是通过社会制度的变革,使人有可能从追求内在的思想自由转向追求外在的由法律保障的自由权利。从纯哲学的自由转向政治制度的自由,从追求灵魂自由转向于追求人身自由。言论自由、出版自由以及其他自由权利的入法,可以说是人类自由发展史上的一次转折,是资本主义制度的历史功绩。

但是在资本主义制度下,自由包含不可解决的矛盾,这就是一些人的自由妨碍另一些人的自由。资本主义法律并不制止这种妨碍。资本主义法律上规定人人具有自由、平等、人权。可资本主义的市场经济的自由竞争,必然导致自由、平等、人权之间不可解决的矛盾。在资本主义制度下,资产者与劳动者在经济、政治、文化、教育等方面存在事实上的不平等;至于所谓人权,也会由于贫富对立而导致对弱势群体、对穷人、对少数族裔甚至妇女人权的侵犯。因此马克思最憧憬的自由,不是资本主义的那种会导致不平等、人权受到侵犯的以个人为本位的自由,而是"每个人的自由是一切人的自由发展条件"的自由。这种自由与平等、人权能达到和谐的结合。

资本主义社会自由的另一个代价,是人的内心世界充满物欲,人失去了心灵的自由。市场满足肉体的需求,但俘虏人的灵魂。无止境的消费欲,畸形的消费,使人的精神世界越来越窄,越来越空洞化。普遍的物欲,导致社会性的焦虑、浮躁和空虚,人感到需要转向追求失去的内在的精神自由。可不少人不是转向精神世界的自由,追求高尚的世俗道德和伟大的社会理想和信仰,而是寻求无所依归的心灵的安顿处。宗教成为灵魂最佳的安顿处。或跪倒在主面前以自赎;或大声诵念观世音菩萨或南无阿弥陀佛,以求心安。宗教在一定程度上对个人可以起到道德教化和良心的净化作用,但这只是追求个人的心灵的抚慰与疗伤,还不能算是真正在寻求精神家园。

其实,即使在号称自由王国的资本主义社会,自由与"任性"同样是不能混同的。法律保障自由权利,并不保障任性。当合法的自由权利变为不受约束的任性,同样要受到法律的制裁。学术自由属于学术研究;思想自由属于思想者,属于科学发现和发明,属于对真理和智慧的追求。漫骂、侮辱、造谣,以及种种损伤别人的人格与尊严的言行,并不属于言论自由和思想自由。

自由是与责任相联系的。在社会主义社会应该拥有言论自由,但言论自由的后果必须自负。法律保障的是言论自由,但并不保障言论自由的所有后果。不负责任的自由言论,不是法律意义上的言论自由,而是特权。在社会生活中,任何自由都与责任相关。自由主体也是责任主体。不承担责任,不应享有自由;不享有自由,则不能追究责任。处罚没有享有自由权的人的责任,就是专制;而对滥用自由权负有责任者的放纵和庇护,就是徇私枉法。法不阿贵。自由和责任的相关点,应该由法律规定,而不是由领导人的意志规定。

我们的国家应该遵守宪法,依法治国,保障人民的自由权利,但不能纵容任性。我们应该宣传自由权利与任性的区别、告密与举报的区别。告密败坏道德,举报维护正义。一个社会如果奖励告密,是人人自危相互猜疑的阴暗的社会;如果正义与非正义、合法与非法、道德与非道德,都湮没在集体沉默中,就是个没有正义感、没有责任感、没有是非、没有敢于担当者的社会,是一个普遍没有理想和信仰的社会。这样的社会,也绝不是我们所期待的。

三、命运与时运

"命运"问题并不神秘,关键在于正确理解。国有国运,家有家运,人有人运。国运,是一个国家和民族的盛衰兴亡;家运,是一个家族的兴旺和衰落;人运,则是个人的不同际遇。要懂国运,读读历史;要懂家运,翻翻自己的或他人的家谱;要懂人运,看看现实各色人生或历史人物的传记。

（一）"命运"和"时运"有相通之处，却又不完全相同

"命"与"运"不存在必然联系，可"时"与"运"则密切相关。"时运"和"命运"在一定条件下可以互用，有时称之为"时运"，有时称之为"命运"。在互用情况下，命运是关于过去经历和现实际遇的一种事实判断和价值判断；而"时运"则是个人在一定历史背景下的升降沉浮。如果认为"运"决定于"命"，有一只看不见的手在冥冥中支配，这就是唯心主义。国运决定于"天"，是"天命论"；个人的命运注定于"命"，是"宿命论"。这种"命运论"不可信，更不可取。

北宋的宰相吕蒙正写过《命运赋》，也写过《破窑赋》。吕把自己的发迹归结为个人的命好、运好。他说："吾昔寓居洛阳，朝求僧餐，暮宿破窑……今居庙堂，官至极品，位置三公……上人宠，下人拥。人道我贵，非我之能也，此乃时也、运也，命也。"按照吕蒙正的说法，他的发达是因他的命好。他说的时运也就是命运，具有神秘色彩。

2000多年前，古代哲学家墨子有过《非命》篇，是专门反驳"命定论"的。其中说，"执有命者之言曰：命富则富，命贫则贫；命众则众，命寡则寡；命治则治，命乱则乱；命寿则寿，命夭则夭"。墨子明确反对这种观点："今天下之士君子，忠实欲天下之富，而恶其贫；欲天下之治，而恶其乱，执有命之言，不可不非。此天下之大害也。"墨子说，命定论是"天下之大害"完全正确。时至科学发达的今日，我们中还有不少人迷信命运，相信生辰八字决定人的寿夭

祸福,连结婚都得合八字,真是愧对古人!

在中国用语中"时运"是一个词组。时运既包括"时"也包括"运"。如果我们把命运问题与时代结合在一起,就能给予"命运"以正确的理解。时,是大背景,个人无法决定。人只能是生活于时代中。个人的出生和生长,可以逢时,也可能背时。人无法选择自己的时代。"运"则不同,"运"与个人的机遇和奋斗紧密相连,决定于个人在时代中的主体性发挥。因此,"时"是同时代的人共有的,"运"则各种各样。套一句托尔斯泰"幸福的家庭都是相似的,不幸的家庭各有各的不幸"的名言,幸运都是一样,不幸的原因可以是多样的。

个人的"运"不能脱离时代这个大背景,没有"时",就没有个人的"运"。晚唐诗人罗隐在《筹笔驿》关于诸葛亮的一首咏史诗:"抛掷南阳为主忧,北征东讨尽良筹。时来天地皆同力,运去英雄不自由。千里山河轻孺子,两朝冠剑恨谯周。唯余岩下多情水,犹解年年傍驿流。"诸葛亮从初出茅庐,火烧赤壁,协助刘备建国于成都,有统一全国之志;可在后主时,北伐中原,六出祁山,终死于五丈原军中。后人从《出师表》读到,"臣受命之日,寝不安席,食不甘味。思惟北征,宜先入南。故五月渡泸,深入不毛,并日而食。臣非不自惜也,顾王业不可偏安于蜀都,故冒危难,以奉先帝之遗意也,而议者谓为非计。今贼适疲于西,又务于东,兵法乘劳,此进趋之时也。"千百年,凡诵读此文者,无不为"出师未捷身先死"的诸葛亮感叹。这不是孔明的无能,而是当时魏蜀吴力量对比的时势使然,任何人都无力回天。

（二）我们要懂"时"与"运"的关系，要懂国运、家运和个
人命运的关系

家与国不可分，而个人既与家不可分，更与国不可分。只有国
家好、民族好，个人才能有发展前途。有人说，国家可以穷困，家庭
可以富裕，个人可以发展。确实，穷国有富家，也会出个别出类拔
萃的人物，可这只对极少数家庭和个人来说是如此。对一个国家
的绝大多数人来说，不可能穷国富民，而必然是穷国穷家，穷家穷
民，绝大多数是贫穷人。绝大多数人贫困的国家，必然是穷国；穷
国，必然是绝大多数人贫困。覆巢之下，焉有完卵？

《论语》中说，"天下有道则见，无道则隐。邦有道，贫且贱焉，
耻也。邦无道，富且贵焉，耻也。"受压迫国家的人民必然是受压
迫者。如果在一个受外国侵略者压迫的国家，个人卖国求荣依附
外敌处于优越的上流地位，或者在一个政治腐败、虎狼当道的政权
下，依附权贵飞黄腾达，这两种情况，所谓"好命运"，都应该打入
孔子说的"邦无道，富且贵焉，耻也"的另册。

凡是了解中国近代史的人，了解鸦片战争、甲午战争、八国联
军侵华历史的人，了解中华民族一百多年遭受苦难历史的人，都懂
当时面临的不再是王朝更替、政权易姓的所谓"亡国"，而是中华
民族陷于瓜分豆剖存亡继绝"亡天下"的险境。中国共产党领导
的革命，最大的贡献是改变了中华民族的命运，从此中国人民站起
来了，把国家和民族的命运掌握在自己手中。经过 60 多年的建
设，尤其是 40 年的改革开放，中国在世界的地位发生了根本性变
化，这是举世公认的。中国革命的胜利，中国社会主义的建设，中

国改革开放的成就,为国家的富强和个人的发展带来新机遇,开辟了极大的可能性和施展才能的空间。国家和民族命运的巨大变化,同时也是全体中国人命运的巨大变化。

当然,国家的命运不能简单等同于每个人的命运。在阶级社会,个人命运往往取决于阶级命运。而阶级命运则取决于社会制度的变化。这当然不是说,每个人的命运都完全决定于阶级命运。在社会变革中,原来属于统治阶级家庭成员中的个人,背叛自己的阶级和家庭,投身变革,成为新社会的创造者,在参与改变社会命运的同时,也改变了自己的个人命运。资产阶级革命时的贵族,有这种人。无产阶级革命,更是如此。不用说马克思和恩格斯,只要读读中国共产党领导的革命史,看看中国共产党史上一些辉煌杰出的伟大人物的家世,就懂得这个道理。

中国革命之路不是铺满玫瑰花的彩虹之路,也不是革命浪漫曲。历史上"左"的路线曾伤及自己的同志。反右斗争和"文化大革命"中受害者更多,包括著名的文化人,有的蒙冤入狱,有的家破人亡。但只有国家好、民族好,个人才有前途这个真理,不会因为个人命运的不幸而被推翻。因为在中国,只要坚持中国共产党领导,坚持社会主义制度,冤假错案,不管时间长短,最终会得到平反昭雪,还以清白。我们不能忘记历史的教训,但可以忘记历史的恩怨,团结起来向前看,为中华民族伟大复兴而共同奋斗。

(三)个人与国家、民族是相向而行,还是相背而行,命运完全不同

国家、民族和个人是命运共同体,但即使在正常情况下,个人

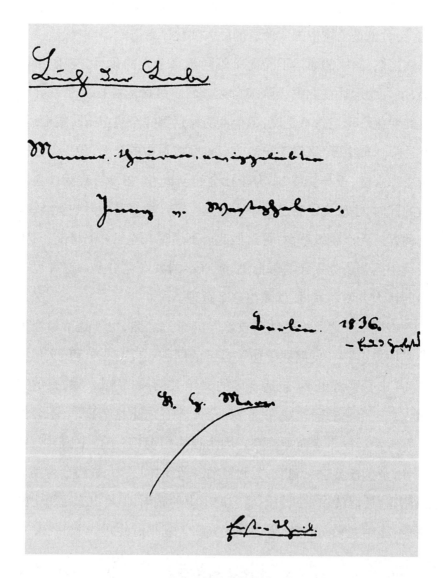

马克思写给燕妮的诗

的命运也不会完全相同。没有完全一样的人生道路。社会主义社会制度,中华民族的复兴,为每个人的发展提供了一个最有利的平台,但个人的实际发展如何,不仅会有不同的机遇,更取决于个人自己的创造,特别是要看个人如何处理自己与国家、民族的关系。是相向而行,还是相背而行? 这两类人的命运是完全不同的。

　　同样处于当代中国社会,处于相同的改革时代,每个人的具体境遇不可能完全相同。原来的同班同学,原来的同事,可以在专业成就、职位高低、升迁快慢、富裕程度以至个人的家庭生活方面存在不同的差别。这很正常。社会主义社会中的个人,同样是具有个性和不同发展轨迹的现实个人。社会主义社会制度的优越性,表现在它为个人提供公平的竞争机会,提供充分发挥个人才能的平台和向上发展的空间,而不可能保证每个人拥有完全相同的结果。但只要充分发挥自己的主动性和创造性,与国家的发展方向相向而行,每个人都应该有机遇,都应该有希望。尽管现在仍然有不少人处于比较困难状态,这绝不是社会主义社会的常态,而是一个向前发展阶段中呈现出的时段性的差异。这是过程,而不是结果。建立一个富强、民主、文明、和谐的国家,建立自由、平等、公正、法治的社会,以人为本,让所有人的人生多姿多彩、各自发光,是中国共产党的奋斗目标。我相信,只要祖国的天空艳阳高照,我们身上都会洒上阳光。

　　当然,在我们社会中,也有少部分人是另一种命运,这就是与国家和民族命运相背而行的人。他们把自己的前途摆在与国家和民族发展的对立面,相背而行,蜕化变质,贪赃枉法,成为腐败分子,成为大大小小的"老虎"和"苍蝇"。这种人的命运注定是悲惨的。昨天座上客,今日阶下囚。真正应了陈毅同志的话,"莫伸手,伸手必被捉"。

尽管具体的个人命运各有不同,但从总体上说,中国共产党改变了中国的国运,改变了中华民族的命运,从而改变了中国人民的命运。由列强主宰中国命运,转变为由中国人自己掌握自己的命运,这是了不起的具有世界意义的中国命运之转变。任何一个稍有爱国主义和民族感情的人,都应为此自豪。看看我们当今公费或自费出国留学的人数,看看那些遍及世界旅游的人数,就明白中国革命确实改变了中国大多数普通人的命运。没有国家的富强,就没有那么多祖祖辈辈没有走出过乡里的普通人能走出国门、周游世界。这是国家和民族命运的改变,也是个人命运的改变。

"旧时王谢堂前燕,飞入寻常百姓家。"我不赞同关于贵族与流氓之类话题的炒作。其实在旧中国,具有所谓高修养高素质的"贵族之家"有几家?所谓"绅士"精神不就是为数极少的精英人物吗?屈指可数!要知道,当时全中国95%以上都是普通百姓,都是处于下层的文盲。重要的是,中国革命改变了中国人民的命运,为13亿多人民的共同富裕,为13亿多人民文化素质的提高开辟了普遍的可能性。尽管我们现在仍然是发展中国家,我们仍有不少人没有脱贫,我们的教育和人民素质都还有待提高,但重要的是中国人的命运掌握在自己手中,只要紧握罗盘,坚持改革方向,一定能够为自己国家、民族和人民的命运创造更加灿烂、更加辉煌的未来!

四、职业选择与价值导向

选择是一个哲学问题，更是一个现实问题。大到国家发展道路和民族前途命运，小到个人的人生之路，都存在选择问题。特别是当代中国青年面对社会巨大变革，选择问题尤为迫切与重要。市场经济条件下的职业选择问题，是青年人关心的问题，也是关系到每个青年人的问题。"我的事情我做主"，表现了中国当代青年张扬个性，重视自我选择，具有强烈的自我选择的能力、意志和决心。

（一）能够自由选择，是人与动物的根本区别

选择，完整地说就是"自由选择"。选择性，说明人作为主体有意志自由。没有自由，当然没有选择。选择性，是人与动物活动的根本区别。马克思说过，"自然本身给动物规定了它应该遵循的活动范围，动物也就安分地在这个范围内活动，不试图越出这个范围，甚至不考虑有其他范围存在"，"人不同，人能选择"，"能这样选择是人比其他生物远为优越的地位"。

选择，不同于自我设计。无论是叱咤风云，战功赫赫的军事统帅，或者伟大科学家、伟大学者，肯定没有一个事先能设计自己未来就是要当军事统帅、当什么样的伟大科学家、伟大学者，但他们有人生方向。在人生之路的岔口上，如何选择对人生往往具有决定性意义。古人所谓"临歧而哭"，就是在人生岔道上最容易迷途。伟大人物和他们的成就不是自我设计出来的，但他们在人生

179

之路上作了正确的选择。

社会主义市场经济的确立,给予每个人,尤其是青年人提供了广阔的选择空间和自我做主的现实可能性,但也必须看到,它同时增加了自我选择的困难。因为自我选择的实现,往往是通过激烈的竞争实现的。选择的主体是谁?"我"。"谁是我?"从抽象思辨的角度说,"我就是我"。可实际上,每个"我"都同时是"你"。在现实社会中,每个人是自己眼中的我,同时是别人眼中的你。都既是选择的主体,又是被选择的客体。黑格尔曾以非常晦涩的话表达过这个意思:"自我意识为了另一个自我意识而存在,也就是说,自我意识仅仅作为得到承认的实体存在,所以自我意识自在和自为地存在。"黑格尔的自我意识就是人的抽象化。社会就是由全体作为"我"的个人结合而成的有组织的集体。

(二)不仅作为个体的"我"在选择,作为无数"我"的有组织的集合体的社会,即"大我"也在选择

选择中包括个体与社会的关系,而且社会对个人的选择力量,远远超过个人对社会的选择力量。我们常用的"历史的选择""人民的选择",表明有比作为个人的"我"更大力量在选择"我"。人类历史上,大浪淘沙,多少曾经得意一时的人物终被历史抛弃,而有的人虽几经磨难多次失败最终获得成功,被历史认可,成为伟大人物。因为他们的选择与历史发展相向而行,自己个人的选择同时成为历史对个人的选择。

在我们社会中,你选择,是你在行使你的选择权;社会不接受你的选择,是行使作为无数的"我"被组织起来的社会选择权。没有他者即接受者,自我选择就是一句空话。马云是当代最成功的人士之一,他的成功当然是与个人的正确选择相关,但他并不把自己的成功单纯归结为自己慧眼独具,个人选择。据《真正的马云是什么样的》报道文章中透露,马云在一次内部讲话中说,"我要感谢这个时代,这个国家,感谢互联网,决定大局的一定有超越个人能力、个人不能控制的东西。"所谓个人不能控制的东西,就是社会发展趋势对个人选择的高度认可和强大推动力。

计划经济条件下学生就业只有分配,没有选择;市场经济只有双向选择,没有分配。分配,是非竞争的;选择,是竞争性的。人人如愿的选择,就不能叫选择。我们排除一切非市场力量,例如权力、关系等各种非市场因素的不合理介入,在市场经济条件下的被选择,有一种极其复杂的社会合力在起作用。这就是市场的力量。

市场经济像是大海。大海中游泳很自由,但没有人牵着你的手。你自己要学会在大海中游泳。我亲耳听到有些找不到工作的毕业生表示很羡慕老一辈的无可选择的被分配。他们现在有自由,又想逃避自由;有选择,又想逃避选择。过去那种在计划经济时代一个萝卜一个坑的时代,永远结束了。这是时代的进步,但这种进步不是没有代价的。这个代价,就是选择中的不被选择。

"我的事情我做主。"表现年青一代的思想解放,自我奋斗精神,这很好,但决不能绝对化。绝对化,必然碰壁,必然陷于失望和苦恼。一定要习惯而且接受市场经济给个人选择带来的新变化。这种变化的积极方面,就是可选择的多样性与个人主体性发挥的宽阔空间。竞争性选择或者说选择性的竞争,往往会激发个人的潜能。当然竞争的强化,会带来生活的压力和紧张度。有些青年人往往会因为自己的某一种选择未能实现而陷于苦闷、烦躁、失望,个别人甚至绝望。其实,人生之路是宽阔的,不是只有一种选择才是最好的、唯一的选择。某一应聘的失利,不是人生的失败。市场经济的优越性就是给年轻人铺设了无数条道路,选择空间是多种的、广泛的。

(三)重视选择中的个人利益、个人生活改善,更重视原则、理想和信仰的人,才是真正理解选择与价值关系的人

选择中包含着价值。价值,说明在人的自觉的有意识的选择行为中,包含着动机、偏好,追求和目的。在人的有意识的自觉活动中,选择重要,但比选择更重要的是支配选择的理想、信仰和价值。只有理想和信仰才能使人的选择超越纯粹个人利益考虑,而把自己的选择放在更大的国家和民族视角范围内来思考。也只有理想和信仰的坚定,才不会动摇既定的正确选择。"既然选择了远方,便只顾风雨兼程。"人们从汪国真这句诗中读出的是选择中的方向性和坚定性。

在社会主义市场经济条件下,职业具有谋生手段性质。为争取更好的生活条件,为买房、为儿女教育而选择更有就业机会的专业,或更高的工资待遇的职业,这并没有错。中国共产党就是把为全体人民过上幸福生活作为自己的奋斗目标。但我们又不能把职业仅仅视为谋生手段,应该抱有比作为谋生手段更高的理想境界。雨果说:"人有了物质才能生存,人有了理想才谈得上生活。你要了解生存与生活的不同吗?动物为了生存,而人则为了生活。"单纯以谋生手段观点作为选择职业的目的,爱因斯坦嘲笑地称之为

"猪栏理想"。生存需要,是人与动物所共同的;生活目标,则是人之为人所独有的。如果只讲生存需要,而不讲生活目标和精神境界,则人回归动物世界。

职业选择,既是具体职业问题,又有方向性问题。社会主义理想和信仰并不是高悬于云端不食人间烟火的教条,它并不是要求青年人都变为禁欲主义者、变为苦行僧。社会主义理想和信仰就存在于人的实际生活和工作的价值导向中。在任何选择中都包括为什么这样选择的问题。没有一种选择是为了选择而选择的,都包含选择的目的。社会主义核心价值观是社会主义理想和信仰的凝结,它以一种无形的力量贯穿于我们的实际生活和工作之中。我们以敬业、诚信、友善态度对待我们的工作和周边的人,在任何岗位上全心全意地搞好我们的工作,发挥创造性,心中有社会、有国家,碰到个人利益与国家利益矛盾时,首先考虑国家利益;在实际生活中,遵纪守法,有道德自律,就是以实际行动为建设富强、民主、文明、和谐的国家,建设自由、平等、公正、法治的社会作贡献。实践社会主义核心价值观的岗位在哪里?社会主义理想和信仰的立足点在哪里?就在我们的实际生活中,就在我们的工作岗位上,就在我们从事的职业中。

选择是自己的权利,责任则是选择必须承担的义务。马克思说过:"没有无义务的权利。也没有无权利的义务。"选择与责任相联系。任何选择必须承担选择的责任。人应该为自己的选择负责。你选择当教师,就应该承担教师教书育人的责任;你选择医学,就应该承担救死扶伤治病救人的责任;你选择法学,就应该承担以法的方式维护社会公平和正义的责任。

动物没有责任,动物是本能活动。动物没有选择,而是被自然选择。马克思说过:"能这样选择是人比其他生物远为优越的地方,但是同时也可能毁灭人的一生、破坏他的一切计划并使他陷于不幸的行为。"事实确实是这样的。如果一个人选择一条与社会逆向而行的道路,必然承担这种选择的后果。

我们看到不少时代的先进人物,他们是时代的先锋、民族的骄傲,但每个时代都会有落伍者、沉沦者。尤其是在国家危难时期有卖国者、叛变者。汪精卫曾经是热血青年,曾因刺杀过清摄政王载沣被判处死刑,狱中诗"引刀成一快,不负少年头"脍炙人口,广为流传,是何等英雄气概,可是数十年后终沦为千夫所指的头号汉奸、卖国贼;周佛海是中国共产党一大代表,是早期共产党人,后来也沦为汉奸,走上自我毁灭之路。由此可见,重大时刻重大问题的选择,往往成为人生的分界线。

我们年青的一代,在思想观念解放,在知识准备,在对新事物新技术接受和创新方面,在社会提供的各种条件方面,不用说与父母辈相比,即使与70后的人相比,都更具有优越性,面对多种多样的选择空间。可以选择出国留学,也可以自主创业、自由择业。可以选择充分发挥自己的爱好、专长和技能的职业。年青一代获得了更大的自由选择空间,可也加重了自主选择者的责任。

你具有什么样的价值观,你会做出什么样的选择;反过来说你怎样选择,表明你具有什么样的价值观。年轻人把职业作为单纯谋生手段,只讲钱,什么都无所谓,就会陷入"有奶便是娘"的实用主义误区,风浪乍起就会晕头转向。只有那些重视选择中的个人利益、个人生活改善,更重视原则、理想和信仰的人,才是真正理解选择与价值关系的人。价值观存在于如何选择之中,选择应该有正确的价值导向。有舵有帆之船,即使在风急浪高的大海中航行,也不会倾覆。

跋

我今年八十八岁了。十年前,有人问我高龄,我回答说:年方三十。现在问我,我回答说:不惑之年。我说的是学术年龄——真正坐下来从事学术工作,也就是这四十年。

人的一生,正如人类历史发展一样,也会有一些关节点。1978年对我来说,就是一个重大的节点。这年10月,我回到复校后的中国人民大学原单位马克思主义发展史研究所工作。当时,我面临的是躺倒混日子,还是爬起来继续前行,对此,我有过内心斗争。从 1976 年到回到人大前这两年多时间，我曾经反复读《庄子》和《报任安书》，思想很消极。当时我写过一些充满消极情绪的诗，诸如"莫谓无才虚此生，才高未必即有成""林秀风摧难为栋，野草轻贱吹又生"之类的东西，灰心得很。

感谢改革开放，感谢十一届三中全会，感谢党的实事求是政策。城门失火并未殃及池鱼，我们这群人都安全着陆了。改革开放宽松的政治环境，使我获得重新执笔的勇气；改革开放社会大变化，吸引我关注现实问题并敢于发表意见；改革开放以来的安定团结局面，使我能有时间安下心干点正经活。

我说自己年方四十，不假。从学术上说，我的确是改革开放的同龄人。回到人大，我决心重新起步。我已经失去了十年，再耽误不起，已经没有了年龄资本，于是决心急起直追："往事不宜频回首，荒园勤锄尚可春。况复柳媚山川绿，十年贻误日兼程。"

"十年贻误日兼程。"我的确是这样做的，想把失去的时间夺回来。头两年，我着重学习马克思的早期经典著作，尤其是《1844年经济学哲学手稿》。我曾在全国多所大学讲过这本书。1981年，我重新执笔为文，在《哲学研究》第 8 期发表《评费尔巴哈在马克思早期思想中的地位》；第二年，在《中国社会科学》第 2 期发表《论马克思异化理论的二次转折》。从此，我有了信心，一发不可收拾。1982 年，我参加我们所集体编著的《马克思恩格斯思想史》，并审读全稿；接着又主编了由我们所集体编写的《马克思列宁主义基本原理》。值得一提的是，这两本书，一本从纵向史的角度，一本从横向基本原理的角度，把马克思主义作为一个整体来论述，这在当时中国学术界算是开创性的。

1983年,我与靳辉明合著的《马克思早期思想研究》出版,又陆续与学生合著了《马克思恩格斯哲学思想总览》《被肢解的马克思》。完全属于我个人独著的是1987年出版的《走向历史的深处》,这本书曾由多家出版社出版,算是我此生得到鼓励最多的一本书。

一、真理占有我,而不是我占有真理

我最得意的不是这些著作,而是1995年六十五岁的我开始学电脑,而且学的是五笔。不是我钟情五笔,实在是不得已而为之——作为一个江西人,来北京几十年,仍然是乡音无改,咬字不准,又不会拼音。逼上梁山,终于勉强学会五笔。自此以后,我的所有文章都是一字一字敲出来的,包括七本随笔。报社投稿,都是发电子版。朋友之间虽不再有鸿雁往来,但E-mail频传。前些年,我也赶时髦学会玩微信。我的朋友圈不大,主要是同事和学生。会微信,好处不少,见闻多了,避免老年人缺少交往的闭塞。有时和学生开点无伤大雅的小玩笑,增加点"老来乐"。我得到过一些荣誉,如三次吴玉章优秀著作奖、吴玉章终身成就奖、三次"五个一工程"奖、教育部三次著作奖等。

写这些干什么,自我表功?不是。我只想从个人的遭遇说明如何对待知识分子政策的大道理:再好的东西放在垃圾桶里,就是垃圾;而垃圾放对了地方,可以变废为宝。我想起北京大学原副校长何芳川,我们曾在一起写文章差不多三年。他比我小九岁,在副校长位置上因急性白血病去世。英年早逝,十分可惜。我俩关系

特殊。在收到参加追悼会的通知后,我惊愕不已,夜不能寐,曾以诗悼之:

> 犹记北招识君时,文采风流李杜诗。
>
> 落水幸喜未灭顶,翻身弹指痛仙逝。
>
> 祸福无常天难料,赤心不改世人知。
>
> 大才遽折应一哭,毁誉死后两由之。

感谢十一届三中全会实事求是的政策,感谢改革开放后宽松的政治环境,给我个人发挥一点余热创造了条件。我说"余热"不是客气,1980 年重操旧业,发表文章时已经年过半百:"发有二毛鬓有丝,年近知命归来时。"但我没有因挫折而气馁,没有因年龄而颓唐,自我放逐,而是急起直追。因为,我们单位,我们学校贯彻落实党的政策,对我们没有任何歧视。光这一条,我就应该知恩感恩。由此我想起有的知识分子,往往因为一些个人挫折而入佛入道,当个佛系道系人物。开始时我也想走这条路,但我没有走,我仍然走马克思主义之路——多年的马克思主义理论学习打下的一些基础,使我在理论良知上不可能走这条路。我在《得意拜孔,失意读庄》这篇文章中,曾经坦露过自己的矛盾心路。我是改革开放的受益者。这不是说,我下海发了财,腰缠万贯,或是有个一官半职。我始终是一介布衣,一生是个普通教员,依靠工资为生。我说是受益者,是说政治上的受益者。没有十一届三中全会的实事求是政策,我们就不过是一堆烂菜叶,扫进垃圾桶而已。

作为一名有着六十多年党龄的中共党员,我拥护党,拥护社会主义是理所当然。一生从事马克思主义理论研究和教学,我信仰马克思主义也是理所当然。不是因为信我才信仰,而是经过学习和研究才确立我的信仰。马克思说过,"真理是普遍的,它不属于我一个人,而为大家所有;真理占有我,而不是我占有真理。"是马克思主义真理掌握了我,而不是我掌握了马克思主义真理。因为就我的浅薄知识而言,到现在为止,我还没有发现有哪种学说,其立场是为无产阶级和全人类,其理论论证逻辑是如此严密,不可反驳;其实践效果是如此巨大。一个半世纪以来,它改变了世界的政治格局,创造了一个前所未有的社会,得到如此众多学者的研究和人民的拥护。多少御用学者进行围剿和曲解,不能动其分毫;多少政府视其如洪水猛兽,无法阻止它的传播。在当今世界,马克思列宁主义是普照之光。它在中国成为中国马克思主义,成为当代中国马克思主义。

二、该说什么我还是说,对得起马克思主义良心

作为一名马克思主义理论工作者,我的任务就是宣传和捍卫马克思主义。我高度赞扬改革开放以来取得的举世瞩目的成就和马克思主义中国化的新成果,这是任何一个有良知的中国人都能亲身感受到的。从我出生以来,从来没有像现在这样作为一个中国人而扬眉吐气。我反对攻其一点,不及其余,对我们社会主义国家蓄意抹黑,或令人怀疑地借事起哄。我曾在《光明日报》《北京日报》发表过一些文章,包括《批评,抹黑及其它》《自由与任性》《凡事都有理,都得讲理》《理论工作者的社会责任》等多篇风口浪尖上的文章。有好心朋友劝我,你写它干嘛,得罪人,就不怕人肉搜索吗?我说不怕,没有什么可怕的,我经得起搜索,我没有什么

好隐瞒的事，无非是参加过写批林批孔文章，此事有结论，党都原谅了我们，为什么我要畏首畏尾，辜负党对于一个党员的期待呢！

我承认在迅速发展中，我们有不少值得总结的教训。在前进中，我们付出了不少代价，包括道德观念、价值观念和生态环境的恶化。尤其是严重的贪污腐败现象，败坏我们国家，败坏我们党。对这些现象，如鲠在喉，如芒在背。老百姓不满意，啧有烦言。我在一些文章中曾经多次谈及这些问题，虽非大声疾呼，但总是尽了一点马克思主义理论工作者的理论职责和一个共产党员的学术良心。我曾多次写过关于历史周期率的文章，关于从严治党的文章；发出过市场经济有可能对人际关系、对政治、对思想产生负面效应的警示，主张应该在思想上筑堤修坝。我也在文章中多次提出一定要区分市场经济、市场社会和市场关系。我们是搞市场经济，我们的社会不是市场社会而是社会主义社会，我们的人际关系不是以货币为中介的市场关系，而是社会主义条件下的人与人的关系。我不会因为受过挫折就曲学阿世，也不会噤若寒蝉。该说什么我还是说，对得起马克思主义良心。我兴奋地看到，党的十八大以来，以习近平同志为核心的党中央采取的各项政策，十九大报告尤其是习近平新时代中国特色社会主义思想，解决了我不少忧虑和困惑；十八大以来全面从严治党，大力惩治腐败，使我看到了希望，看到了国家和民族的前途，感到无比畅快。

改革开放后的近四十年中，我并不讳言曾经的忧虑——重蹈苏联覆辙的颠覆性错误。这些忧虑曾经写入我的一些文章和诗中，如《观〈长征〉有感》：

拼却头颅血浮舟，赢得自由满神州。

前人种桃后人摘,今人复为后人筹。

国盛仍应卧尝胆,民富不忘域外忧。

成败兴衰非天意,事在人为有远谋。

又如《抒愤》:

暮年哪能不惜身,为解忧愁且满斟。

仓多硕鼠思良药,国有墨吏盼贤臣。

百年苦斗烈士血,美人侍宴席上珍。

北邻近事宜记取,红旗坠地悄无声。

再如《参观井冈山》:

云拥黄洋雾蒙蒙,仿佛仍有炮声隆。

裹伤空腹拼死战,青春血染别样红。

峥嵘岁月弹指过,英名不朽与山同。

硝烟虽散忧患在,莫教父老泣江东。

我有忧虑,但我的忧虑和有些人的忧虑不同。有些人以保卫中国传统文化为名,说一百年来中国现在是全民失忆,全民失德,现在社会的乱象就是源于一百年来的失德失道(统)。不需要多高的理论水平,一看就知道拾的是海外新儒学的唾余。一百年,从哪里算起?如果从五四新文化运动算起,这一百年是中国共产党带领人民重塑中华民族,实现中华民族伟大复兴的一百年;是中国由站起来到富起来,到迎接强起来的一百年;是中国历史翻天覆地变化的一百年。可在一些以传统文化保卫者自居的人看来,却是失德、失语、失忆的一百年,因为儒学失去了其在意识形态领域中的主导地位。

历史的车轮飞速前进时,会碾碎陈旧腐朽的东西,也可能伤及路边的鲜花小草,这就是历史进步的代价。毫无疑问,我们社会中出现的一些令人不满意的现象,有其复杂的社会原因,完全可以采取正确的措施逐步扭转,把它说成是五四运动和中国革命的罪过,仿佛一百年来我们只要仍然坚持读四书,行古礼,一切都率由旧章,不用马克思列宁主义,不用革命变革,中国就比现在更好,这简直是痴人说梦。

怀旧是一种虚幻的记忆诱惑。我们对现实社会问题应该用马克思主义分析方法进行分析研究,从而加以解决,进而把社会向前推进,而不能向后转。我们应该以史为鉴,学习中国优秀传统文化,从中吸取智慧,但不是向往古代。"郁郁乎文哉,吾从周。"这在古代尚且行不通,现在更行不通。如果一切以儒学之是非为是非,以儒学为衡量历史的尺度,由此认为一百年来,今不如昔,一代不如一代,这是荒谬的历史观。

三、老而弥坚不算老,文求有骨诗求魂

我说我四十岁,当然是隐喻。实际上,我已年近鲐背,体力不济。有人看到我的大块文章,问我有没有助手? 我笑语有助手,并伸出双手说,这就是助手。每个字都是我自己敲出来的,每句话都是出自我的内心。老伴对我不按时吃饭很有意见,经常亮黄牌。我虽然保证下次不写,但没过几天又旧病复发。不敲敲字,心里老是发空,这大概是知识分子的宿命。既然选择了马克思主义,就应该发声。发声,是一个马克思主义者的历史使命和责任。

朋友和学生们夸我身体好,实际上我心里清楚,我有多种老年

病,但不以为意。我认为老年人有老年病是常态,而终日惴惴不安,实无必要。哲学帮了我的忙。我想起庄子的外生则生存,病病者不病的话。天天讲养生,不见得活得快活。八十四岁时我写过一首诗:

八四初度增一春,弯腰拾箸渐不能。

天地大仁无私爱,未闻造物独怜人。

少年旧梦成碎影,头白反觉意更真。

老而弥坚不算老,文求有骨诗求魂。

这就是我的生活态度,对生命的态度。我希望能活过全面建成小康社会。最好是活到实现两个一百年目标,那我争取活一百岁。这有点期望过高,不过也不是绝无可能。我的老校长张腾霄活了一百多岁,我们的袁宝华校长寿高百岁,仍然精神矍铄。一百岁,以现在的医疗和生活条件,不算奢希。如果能亲眼看到我们伟大祖国实现民族伟大复兴,不是光复汉唐盛世,而是一个全面实现了社会主义现代化的新的中国,我就不枉此生。

责任编辑:洪 琼

版式设计:顾杰珍

图书在版编目(CIP)数据

马克思主义信仰十讲/陈先达 著. —北京:人民出版社,2018.4
(2023.12 重印)
ISBN 978 - 7 - 01 - 019089 - 1

Ⅰ.①马… Ⅱ.①陈… Ⅲ.①马克思主义-信仰-研究-中国
Ⅳ.①A81②D61

中国版本图书馆 CIP 数据核字(2018)第 050834 号

马克思主义信仰十讲

MAKESIZHUYI XINYANG SHIJIANG

陈先达 著

人民出版社 出版发行
(100706 北京市东城区隆福寺街 99 号)

北京汇林印务有限公司印刷 新华书店经销

2018 年 4 月第 1 版 2023 年 12 月北京第 7 次印刷
开本:710 毫米×1000 毫米 1/16 印张:12.75
字数:200 千字 印数:30,001-33,000 册

ISBN 978 - 7 - 01 - 019089 - 1 定价:56.00 元

邮购地址 100706 北京市东城区隆福寺街 99 号
人民东方图书销售中心 电话 (010)65250042 65289539